Heinrich Willenbücher

**J.-M. Guyaus Prinzip des Schönen und der Kunst**

Heinrich Willenbücher

**J.-M. Guyaus Prinzip des Schönen und der Kunst**

ISBN/EAN: 9783743630680

Hergestellt in Europa, USA, Kanada, Australien, Japan

Cover: Foto ©Thomas Meinert / pixelio.de

Weitere Bücher finden Sie auf **www.hansebooks.com**

# J.-M. Guyaus
# Prinzip des Schönen und der Kunst.

## Inaugural-Dissertation

zur

# Erlangung der Doctorwürde

der

Hohen philosophischen Fakultät

der

### Friedrich Alexanders-Universität Erlangen

vorgelegt von

## Heinrich Willenbücher

aus Worms.

Tag der mündlichen Prüfung: 17. November 1898.

**Giessen 1899.**

v. Münchow'sche Hof- und Universitäts-Druckerei.

# Inhalt.

# Einleitung.

In vorliegender Arbeit ist der Versuch gemacht, eine Darstellung des Guyau'schen Prinzips des Schönen und der Kunst zu geben, wie es dieser französische Denker in dem ersten Buch seines Werkes „Les problèmes de l'esthétique contemporaine" Paris, F. Alcan, (1884), 4. Aufl. 1897, im Widerspruch gegen die Schiller - Spencer'sche Theorie aufgestellt hat, indem er das Prinzip des Schönen als in dem Leben liegend zu erweisen sucht. Den einzelnen Abschnitten, die meist im Anschluss an Guyau's Gedankengang dessen Theorie wiedergeben, sind kurze Bemerkungen über die Schwächen derselben angefügt, in denen aber, unter Verzichtleistung auf eine eingehende Kritik, nur diejenigen Punkte hervorgehoben sind, die mir aus prinzipiellen Gründen Widerspruch zu verlangen schienen.

Wenn ich davon absah, den Abschnitten VII u. VIII eine kurze Besprechung folgen zu lassen, so geschah dies aus dem Grunde, weil die dort vorgetragenen Ansichten lediglich eine Zusammenfassung des Vorhergehenden sind, so dass das am Schluss der früheren Teile Bemerkte auch für diese letzten Abschnitte Gültigkeit hat.

An dieser Stelle sei es mir nun noch vergönnt, Herrn Prof. Dr. Falckenberg in Erlangen für die Anregung zu dieser Arbeit und die Förderung, welche er derselben hat zu Teil werden lassen, meinen tiefgefühltesten Dank auszusprechen.

H. W.

# I.

## Das Spiel als Prinzip der Kunst.

*Das Spiel kann als etwas Zweck- und Nutzloses, sowie infolge seines durchaus oberflächlichen Charakters nicht Princip der Kunst sein. Diese verlangt den Ernst, den das Leben, aber nicht das Spiel besitzt. Das Princip des Schönen kann demnach nur in dem Leben liegen.*

Das Spiel, nach Spencer eine Äusserung des Kraftüberschusses, ist von weitgehender Bedeutung für die Entwicklung der lebenden Wesen. In den Spielen der Tiere drücken sich bereits diejenigen Handlungen aus, die für ihre Existenz oder die ihrer Gattung nützlich sind. In den Spielen der Menschen macht sich der Nachahmungstrieb geltend; hiermit verbindet sich die Freude, noch unbeschäftigte Kräfte zu bethätigen. Fast in allen Spielen liegt die grösste Genugthuung darin, über einen Gegner zu triumphieren; so ist der Kampftrieb eine der tiefsten Quellen des Spiels. Man könnte über Spencer hinausgehen und behaupten, dass in ihm der Ursprung der Kunst oder wenigstens ihre erste Offenbarung liegt. Sämtliche Gelegenheiten, bei denen sich der Kraftüberschuss als Spiel äussert, brauchen nach Spencer weder nützlich noch ernst zu sein, d. h. in keiner Beziehung zu dem Leben zu stehen. Will man nun das Prinzip der Kunst in dem Spiel erblicken, so könnte man ihr folgerichtig die Aufgabe zuweisen, die im gewöhnlichen Leben unbenützte Kraft zu verbrauchen, so dass sie schliesslich eine Notwendigkeit für uns würde, indem sie ein Leben der Einbildung über unser wirkliches Dasein ausbreiten könnte, in welchem sich der Überschuss unserer Gefühle entfaltete.

Wenn man in der Kunst ein Spiel sieht, andrerseits aber nicht jedes Spiel zur Kunst gehört, so macht sich schon hier die Unmöglichkeit geltend, Kunst und Spiel genau zu unterscheiden. Wollte man auch mit Grant Allen das Spiel definieren als Übung ohne Interesse a k t i v e r Thätigkeiten, die Kunst dagegen als Übung ohne Interesse r e z e p t i v e r Thätigkeiten, so wäre der Thätigkeit als solcher jeder ästhetische Charakter genommen, d. h. derjenige, der z. B. eine anmutige Bewegung ausführt, empfände bei der Ausführung selbst kein ästhetisches Vergnügen, sondern nur der Zuschauer. Auch die rhythmischen Bewegungen, wie der Tanz, würden ihres ästhetischen Wertes verlustig gehen. Die Kunst kann aber gar nicht rein rezeptiv sein, da die Empfindung niemals völlig von der Thätigkeit getrennt werden kann. Jede Wahrnehmung setzt ein Spiel der Muskeln voraus; Gesichts- und Gehörwahrnehmungen werden durch Muskelempfindungen vermittelt. Nicht allein das P a s s i v e in uns ist ästhetisch, sondern gerade das S c h a f f e n bereitet dem Künstler den grössten Genuss, und auch Zuhörer und Zuschauer geniessen um so mehr, je w e n i g e r  p a s s i v und je m e h r  a k t i v sie sind, d. h. je mehr eigene Gedanken und Thätigkeiten das Kunstwerk in ihnen erweckt. Die Lebhaftigkeit des ästhetischen Vergnügens ist proportional der Thätigkeit des empfindenden Subjekts, d. h. Zuhörer und Zuschauer haben einen um so grösseren Genuss, als sie von dem Kunstwerk in ihrem Innern ergriffen und so gezwungen werden, es in gewissem Sinne mitzuleben [1]).

Der von Grant Allen aufgestellte Unterschied zwischen Kunst und Spiel wird aber noch unklarer, wenn man bedenkt, dass auch dem Spiel ästhetische Bedeutung zukommt. Die dramatische Kunst auf ihrer untersten Stufe ist ein Spiel, und selbst das rein physische Spiel ist eine Anwendung von Kraft und Geschicklichkeit, zweier Eigenschaften, die wesentlich ästhetischen Charakter haben, wie andererseits Ohnmacht und Tölpelhaftigkeit den Eindruck des Hässlichen und Grotesken machen. Die Überlegenheit in den Spielen, die Kraft und Geschicklichkeit erfordern, hatte von jeher eine ästhetische Eigenschaft; sie war ein Mittel für das eine Geschlecht, sich das andere zu unterwerfen: „le jugement féminin est peut-être sur ce point plus sûr que celui de nos savants".

Wenn Spencer das Vergnügen an dem Schönen auf den Spieltrieb zurückführt und das Charakteristische des ästhetischen Vergnügens darin sieht, dass es nicht an die Lebensverrichtungen geknüpft ist und keinen bestimmten Vorteil bringt, so folgt hieraus die völlige Nutzlosigkeit des Schönen. Das Spiel ist dem Ernst entgegengesetzt, es ist zweck- und nutzlos; seine Eigentümlichkeit liegt darin, dass es sich nur an ein Organ oder eine Fähigkeit wendet, während es das übrige Sein gleichgültig

---

[1]) „Einen Roman lesen heisst ihn bis zu einem gewissen Masse und zwar bis zu dem Punkte leben, dass, wenn wir ihn laut lesen, wir streben, durch den Ton der Stimme, manchmal auch durch die Geberde die Rolle der Personen nachzuahmen. In einem Theater spielen die Schauspieler nicht allein das Stück; auch die Zuschauer spielen sozusagen innerlich: ihre Nerven vibrieren übereinstimmend, und wenn der Hauptheld am Schlusse des Stückes eine angebetete Geliebte heiratet, so kann man sagen, dass der ganze Saal ein wenig von seinem Glücke mitempfindet." p. 12. f.

lässt. Es hat daher einen lediglich oberflächlichen Charakter, aber gerade in seiner absoluten Gleichgültigkeit war ja das Ideal enthalten, das Schiller dem Künstler unter dem Namen der Freiheit aufstellte, so dass es in letzter Linie auf eine Art Gefühlstötung in der Kunst abgesehen war [1]). Dem Spiel kommt aber die Bedeutung, die ihm Schiller nachrühmt, gar nicht zu, da es sich am meisten der Reflexbewegung und der unwillkürlichen Bewegung nähert und jedes Spiel infolge der Gewohnheit sich in Reflexbewegung umzusetzen strebt. Wo dies der Fall ist, wird die Kunst wirklich ein Spiel, ein Mittel, dieses oder jenes Organ zu üben, ohne das Leben in seiner Tiefe zu erschüttern. Die Aufgabe und das höchste Ziel der Kunst ist aber, das menschliche Herz schlagen zu machen, und da das Herz Mittelpunkt des Lebens ist, muss sich die Kunst mit jedem sittlichen und materiellen Dasein der Menschheit verbinden. Die wirklich ästhetischen Erregungen sind diejenigen, die uns das Herz stärker schlagen lassen, den Blutlauf zu beschleunigen oder zu verlangsamen und die innere Stärke des Lebens zu erhöhen vermögen. Nur das ist s c h ö n, was das Leben in seiner Tiefe berührt, nicht das, was nur über die Oberfläche hingleitet, ohne das Sein zu durchdringen. Diese Aufgabe der Kunst kann aber das Spiel nicht lösen, da es oberflächlich und zwecklos ist; es kann also nicht Prinzip der Kunst sein. Dieses muss vielmehr in dem Leben selbst liegen, da ihm der Ernst selbst zukommt, den die Kunst verlangt, das Spiel aber nicht haben kann.

---

[1]) „Indem Schiller so die Kunst über das Leben, über die Sphäre der Thätigkeit und der Begierde erheben wollte, erniedriegt er sie in Wirklichkeit darunter; die angebliche Freiheit seiner künstlichen und wollüstigen Götter, die ernsthaft mit dem Schein spielen, wiegt nicht die Abhängigkeit auf, in der wir uns in Bezug auf die wirklichen und leidenschaftlichen Erregungen, die Leiden oder Freuden der Existenz in der Zeit befinden. Die Komödie ist nicht das Leben wert." p. 78.

Zu der von Schiller im 27. der „Briefe über die
ästhetische Erziehung des Menschen" begründeten und von
Spencer ausgebildeten Theorie, welche die Erklärung
des Spiels in einer Äusserung des Kraftüberschusses er-
blickt, ist zu bemerken, dass dieses Prinzip zur Erklärung
des Spiels nicht ausreicht, da vielmehr der Instinkt es ist,
der den Anlass zum Spiele der Tiere giebt, wie Groos
in seinem Buche „Die Spiele der Tiere" Jena 1896 über-
zeugend nachgewiesen zu haben scheint. Der Theorie
Guyau's mangelt es hier, wie anderwärts, an einer
tieferen Auffassung des Spiels. Die Bemerkung, dass auch
dem Spiel ästhetischer Wert zukomme und die dramatische
Kunst in ihrem Ursprung auf ein Spiel zurückgehe, hätte
ihn auf den Gedanken bringen müssen, dass man den
Ausdruck „Spiel" auch in höherem Sinn gebrauchen kann,
wie es Kant und Schiller gethan haben. Letzterer ver-
wahrt sich ausdrücklich gegen eine Auffassung des Spiels,
wie sie sich bei Guyau findet. Er sagt im 15. Brief:
„Wird aber, möchten Sie längst schon versucht gewesen
seyn mir entgegenzusetzen, wird nicht das Schöne dadurch,
dass man es zum blossen Spiele macht, erniedrigt und
den frivolen Gegenständen gleichgestellt, die von jeher
im Besitz dieses Namens waren? Widerspricht es nicht
dem Vernunftbegriff und der Würde der Schönheit, die
doch als ein Instrument der Kultur betrachtet wird, sie
auf ein blosses Spiel einzuschränken, und widerspricht
es nicht dem Erfahrungsbegriffe des Spiels, das mit Aus-
schliessung alles Geschmackes zusammen bestehen kann,
es bloss auf Schönheit einzuschränken?
. . . . . . . Freilich dürfen wir uns hier nicht an
die Spiele erinnern, die in dem wirklichen Leben im Gange
sind, und die sich gewöhnlich nur auf sehr materielle
Gegenstände richten; aber in dem wirklichen Leben würden
wir auch die Schönheit vergebens suchen, von der hier
die Rede ist. Die wirklich vorhandene Schönheit ist des

wirklich vorhandenen Spieltriebes wert; aber durch das
Ideal der Schönheit, welches die Vernunft aufstellt, ist auch
ein Ideal des Spieltriebes aufgegeben, das der Mensch in
allen seinen Spielen vor Augen haben soll . . . . . . .
Die Vernunft thut den Ausspruch: der Mensch soll mit
der Schönheit nur spielen, und er soll nur mit der
Schönheit spielen. Denn der Mensch spielt nur, wo er
in voller Bedeutung des Worts Mensch ist, und er ist
nur da ganz Mensch, wo er spielt".

## II.

## Die Begierde als Quelle ästhetischer Erregungen.

*Die Schönheit eines Gegenstandes ist bedingt
durch seine Zweckmässigkeit und seinen Nutzen.
Dieser erweckt die Begierde, die infolge der
angenehmen Erregung, die sie in dem Subjekt
hervorruft, ästhetisch ist. Was schön ist, ist
zugleich begehrenswert. Die ästhetische Erregung beruht auf einem Zusammen oder einer
Menge von Begierden und Bedürfnissen mehr
oder weniger bewusster Art, die sich zu verwirklichen streben.*

Die Begierde ist ein bewusst gewordenes Bedürfnis.
Ihr entspricht bei dem Objekt das Notwendige oder der
Nutzen. Fragt man nun, inwieweit ein Ding in Rücksicht auf die ihm anhaftende Nützlichkeit Gegenstand einer
ästhetischen Erregung sein kann, so ist zu antworten, dass
bei den Dingen der Aussenwelt die Nützlichkeit immer

eine gewisse Schönheit bildet, die sich einmal als Befriedigung des Verstandes, dann als Befriedigung des Empfindungsvermögens äussert. Jener wird zufriedengestellt, wenn der Gegenstand seinem Zweck gut angepasst erscheint, dieser, wenn der Zweck angenehm ist und Genuss bereitet. Wenn auch der Reiz des Nutzens nicht gerade zu Reizen erhabenster Art gehört, so würde man immerhin zu weit gehen, wenn man behaupten wollte, der Anordnung einzelner Teile in Hinsicht auf einen bequemen Zweck sei jeder ästhetische Charakter abzusprechen. In diesen Fehler ist die Ästhetik verfallen, und Kant brachte dadurch, dass er das Schöne von dem Nützlichen trennte, es schliesslich zu dem Vernünftigen in Gegensatz [1]). Die Anordnung der Teile bedingt durch die Beziehung auf einen Zweck Ordnung und Harmonie, weshalb Schönheit und Ordnung unzertrennlich sind. Ebenso wie Erscheinungen, die dem Auge die Anschauung erleichtern (z. B. gekrümmte Linien im Gegensatz zu gebrochenen), einen ästhetischen Eindruck machen [2]), so empfindet auch der Verstand, wenn er leicht und ohne Mühe in den Dingen der Aussenwelt eine in Rücksicht auf einen bestimmten Zweck getroffene Anordnung findet, die uns immer als eine Offenbarung unserer eigenen Intelligenz erscheint, eine ästhetische Befriedigung, die noch erhöht wird, wenn wir in dem Gegenstand einen in bestimmter Weise fixierten angenehmen Charakter erkennen.

---

[1]) „Die Architektur war in ihrem Ursprung ganz dem Nutzen gewidmet. Wir verlangen auch heute noch, dass ein Gebäude, das uns gefallen soll, seinem Zweck angemessen erscheine, damit es unserem Verstande gegenüber die Anordnung seiner einzelnen Teile rechtfertige. Ein Gebäude, das zwar geschmackvoll ausgestattet, in dem aber nichts für die Bequemlichkeit der Bewohner gethan wäre, wo die Fenster klein, die Thüren eng, die Treppen steil wären, würde uns missfallen, wie ein ästhetischer Unsinn". p. 16.

[2]) Vergl. S. 30.

Ein Gegenstand, der immer bereit zu sein scheint, uns zu dienen, uns Vergnügen zu machen, und der mit keiner unangenehmen Assoziation verknüpft ist, kann uns sehr leicht den Eindruck der Schönheit machen. So erscheint der Nutzen bei den Dingen der Aussenwelt als eine erste Stufe der Schönheit. Geht man nun von dem Objekt zu dem Subjekt über, so entspricht dem Nützlichen und Notwendigen bei jenem, bei diesem die Begierde, die auf Erlangung des Objekts gerichtet ist. Die Begierde erzeugt in unserem Innern eine ausgedehnte Erregung, die angenehm ist und strebt, ästhetisch zu werden, unter der Bedingung jedoch, dass die Begierde nicht zu heftig ist. Spencer [1]) hatte dem Notwendigen und der daraus entspringenden Begierde jeden ästhetischen Wert abgesprochen und demgemäss behauptet, wenn man einen Zweck verfolge, der dem Leben diene, der also gut und nützlich sei, so verliere man seinen ästhetischen Charakter ganz aus dem Auge, da der Geist in diesem Falle nicht Sitz eines ästhetischen Gefühls sein könne, weil das Bewusstsein ganz von dem Zweck angefüllt würde, so dass die Gefühle, welche die zur Erreichung des Zweckes aufgewandten Thätigkeiten begleiten, nur beiläufig erkannt würden, das Bewusstsein aber nicht ausfüllten. Ein deutliches Erkennen dieser Gefühle und der sie begleitenden Vergnügen sei erst dann möglich, wenn die Thätigkeiten nicht mehr auf einen Zweck gerichtet seien, der dem Leben dient. Dagegen ist nun einzuwenden, dass alle heftigen Vergnügen durch das Bewusstsein deutlich erkannt sind. Es giebt aber keine heftigeren Vergnügen als die, welche der Befriedigung eines Lebensbedürfnisses entsprechen. Demnach steht weder die Begierde noch ihre Befriedigung mit dem

---

[1]) In einem Briefe an Guyau auf dessen Studie in der Revue des Deux-Mondes August 1881, die hier wiedergegeben ist.

Ästhetischen im Widerspruch, vielmehr können sie dem Gegenstand, wenn sie das ganze Licht des Bewusstseins auf ihn werfen, Verklärung und eine gewisse Schönheit verleihen. Jede starke und anhaltende Begierde strebt alle unsere Thätigkeiten um sich zu gruppieren und sozusagen der Mittelpunkt der Anziehungskraft der menschlichen Seele zu werden: dies gilt namentlich von der geschlechtlichen Begierde, von der beständig zahlreiche ästhetische Gefühle ausgehen.

Wendet man sich von der Betrachtung der Begierde im allgemeinen zu der der einzelnen Begierden, so findet man, dass diese, insofern sie wesentlichen Thätigkeiten des Seins entsprechen, ebenfalls ästhetischen Wert besitzen. Diese Thätigkeiten, die das ganze menschliche Leben beherrschen, sind das Atmen, das Sich-bewegen, die Ernährung und die Fortpflanzung.

1. **Das Atmen.** Die ästhetische Bedeutung der Atmung zeigt sich am klarsten bei dem Übergang aus schlechter Luft in reine. Der ästhetische Genuss des Atmens liegt darin, dass man tief atmet, dass man fühlt, wie das Blut in der Berührung mit der Luft gereinigt wird, wie das ganze Atmungssystem (système distributeur) wieder Thätigkeit und Kraft erhält.

2. **Die Ernährung.** Sie ist mit dem Atmen nahe verwandt und schliesst ebenfalls eine ästhetische Erregung nicht aus. Man braucht nur an Kranke zu denken, die so hinfällig waren, dass die geringste Nahrung eine Art physischer und seelischer Wiedergeburt in ihnen hervorrief. Dies Gefühl des wiederhergestellten, erneuerten Lebens, das Empfinden, dass das Blut wärmer durch die Glieder rollt, das von dem Bewusstsein erfasste Erwachen des Lebens, all dies bildet eine wahre und tiefe Harmonie von besonderer Schönheit, denn gerade in diesem Lebensgefühl liegt der Grund jeder Kunst und jeden Vergnügens.

**3. Die Bewegung.** Wenn das Gefühl des Lebens schon etwas Ästhetisches hat und auf Schönheit Anspruch machen kann, so kommt diese Eigenschaft in demselben Masse der Bewegung zu, insofern sie eine sichtbare Offenbarung, ein Ausdruck des inneren Lebens ist [1]). Nicht nur der Tanz und die rhythmischen Bewegungen, sondern auch die einfache Thätigkeit des Sichfortbewegens kann Erregungen einer erhabenen Art erzeugen. So hat z. B. der freie Raum etwas Ästhetisches, da er die freie Bewegung gestattet. Am meisten wird dies der Gefangene fühlen; der freie Raum wird in ihm gerade dadurch, dass er ihm die Flucht, die Rückkehr zum Leben erlaubt, einen Rausch der Freiheit hervorrufen, der ästhetisch ist.

**4. Die Fortpflanzung.** Vom ästhetischen Gesichtspunkt aus erscheint die Wichtigkeit der Fortpflanzung noch grösser als die der Bewegung und Ernährung, da sie auf die L i e b e zurückzuführen ist. Diese hat, selbst unter der Form der Begierde, von jeher eine grosse Rolle in der Poesie gespielt; auch bildet sie in dem Vergnügen, das uns Bildhauerkunst, Malerei und Musik gewähren, ein wesentliches Moment. Der Typus der ästhetischen Erregung ist die Erregung der Liebe, die immer mit einer mehr oder weniger geläuterten Begierde verbunden ist. Die höchste Schönheit ist trotz Kant die weibliche Schönheit; an einer Frau bewundern wir diejenigen Eigenschaften am meisten, die unsererseits Gegenstand der Begierde sind. Die Idee der weiblichen Schönheit ist verschieden nach den verschiedenen Klassen der menschlichen Gesellschaft. Sie entspricht in den niederen Ständen den Bedürfnissen der Rasse und des Individuums, in den höheren erscheinen diese zwar auch als massgebend, allein sie treten gemässigter und geläuterter auf. Während für einen Mann aus dem Volke die weibliche Schönheit in der

---

[1]) vergl. S. 19. f.

Grösse, Stärke, in den frischen Farben und vollen Formen liegt und die wichtigste Bedingung die Befriedigung des Geschlechtstriebes ist, das Urteil also durch rein sinnliche Momente bestimmt wird, entspricht die Idee des weiblich-Schönen in den oberen Klassen der Gesellschaft nicht mehr diesen einfachen Bedürfnissen, da ein geistiges Moment als ausschlaggebend hinzukommt. Eine schöne Frau wird für uns immer eine solche sein, die uns auch geistig nahe steht und an dem, was uns in unseren An-schauungen mit unserer Zeit verbindet, Anteil zu nehmen vermag. Lieben heisst ein unbestimmtes Gefühl dessen haben, was man zu seiner eigenen physischen oder morali-schen Vervollständigung notwendig hat. Die Liebe hat daher an den hauptsächlichsten ästhetischen Erregungen tiefen Anteil. Eine solche ist z. B. die Bewunderung; sie ist eine beginnende Liebe und findet in der Liebe ihre Vollendung. Die Kunst ist nicht zum kleinsten Teil eine Umgestaltung der Liebe, d. h. eines der fundamentalsten Bedürfnisse des Seins, und das ästhetische Gefühl steht in engstem Zusammenhang mit dem Geschlechtstrieb und seiner Entwicklung.

Die Organe des Gesichts und Gehörs werden als Träger der ästhetischen Erregung zu sehr überschätzt, da sie die grossen Lebensthätigkeiten nur wenig betreffen. Aus diesem Grunde liefern sie uns fast gleichgültige Wahrnehmungen, die an sich weder schmerzlich noch angenehm sind. Sie erregen die Begierde nicht in so hohem Masse und sind überhaupt allein für die Beurteilung des Schönen gar nicht massgebend, da z. B. das Urteil, welches der Gesichtssinn über die Schönheit eines Gegen-standes abgibt, immer unter Mitwirkung derjenigen Sinne zu stande kommt, die in unmittelbarer Beziehung zu den Lebensthätigkeiten stehen. Sein Urteil wird unterstützt von dem Gefühl, indem dies unter dem Einfluss des Geschmacks, Geruchs und der anderen vitalen Sinne, den

Augen am häufigsten zeigt, was der Bewunderung und
der Liebe wert ist. Da den lebenden Wesen zuerst nur
solche Farben und Formen gefallen konnten, die Dingen
angehörten, die ihrer Ernährung dienten, so liegt das
ursprüngliche Kriterium für das Ästhetische in dem Bedürfnis und der Begierde, d. h. in dem A n g e n e h m e n,
in dem, was dem Leben dient [1]). Das Schöne erscheint
so nur als eine höhere Stufe des Nützlichen und Begehrenswerten, und dies um so mehr, als das Schöne,
Nützliche und Angenehme ursprünglich eine Einheit ge-
bildet haben. Das Notwendige und die Begierde ergeben
sich daher als wichtige Elemente der ästhetischen Erregung;
die Geschichte des ästhetischen Gefühls ist zugleich die
Geschichte der menschlichen Bedürfnisse und Begierden.

Wenn es nun den Anschein hat, als ob Begierde
und ästhetisches Vergnügen sich gegenseitig ausschlössen,
da die Begierde wesentlich egoistisch ist, während das
ästhetische Vergnügen die Menschen einander näher bringt
und in demselben Genusse vereint, so kann man andererseits behaupten, dass in gewissen Fällen, die allerdings
immer seltener werden, auch das ästhetische Vergnügen
ausschliessend ist, aus dem Grunde nämlich, weil der
Genuss der Kunstwerke noch nicht jedem zugänglich ist,
da diese von den reichen Liebhabern in ihren Sammlungen
untergebracht und auf diese Weise dem grossen Publikum
entzogen werden. Ähnlich verhält es sich mit den Meister-
werken der Musik, und es ist nur ein Verdienst der
Buchdruckerkunst, wenn die Werke der Litteratur und
Poesie Allgemeingut geworden sind. Selbst der Anblick

---

[1]) „Ein schönes Land ist für die Leute aus dem Volke ein
reiches Land, wo man im Überfluss lebt; für einen Seemann wird
das Meer schön scheinen, wenn es sicher ist, und hässlich gerade
dann, wenn der Reisende seine grossen, weissen Wogen bewundert;
für einen Landmann sind die reizenden roten Klatschrosen und Korn-
blumen ein Flecken und eine Hässlichkeit in einem Kornfeld“. p. 24.

der weiblichen Schönheit ist nicht überall frei; im Orient verbirgt der Besitzer einer reizenden Frau diesen Kunst-gegenstand sorgfältig unter einem Schleier. Die Schönheit hat nur selten dazu beigetragen, ihre verschiedenen Lieb-haber zu vereinen, und es wäre nicht richtig, aus dem Umstand, dass sie unter dem Einfluss der Bildung ihren ursprünglichen Egoismus abzustreifen sucht, auf ihren Mangel an moralischem Interesse als wesentlicher Eigen-schaft zu schliessen.

Es giebt freilich einen Punkt, wo Schönheit und Sittlichkeit identisch werden [1]). Dieser Fall tritt aber hier auf dieser untersten Stufe noch nicht ein, sondern hier unterscheidet sich die ästhetische Erregung kaum von den anderen Erregungen, die um verstärkt zu werden nur geteilt sein wollen. Gemeinsame Leiden und gemeinsame Freuden haben immer dazu beigetragen, ein gemeinsames Band der Sympathie zwischen den Wesen zu knüpfen, ohne dass das Vergnügen selbst dadurch geändert wird [2]).

Aber nicht nur in der Verwirklichung, sondern in der Begierde selbst liegt ein Vergnügen, und die Zeit, in der wir eine Begierde hegten, bleibt uns im Geiste oft lieblicher als der Genuss. Hieraus entstehen die grossen Genüsse des Dichters, der darnach trachtet, zugleich das Leben aller Menschen zu leben, und der, gerade durch dieses Streben, es bis zu einem gewissen Punkte lebt. Allein mit dieser Begierde ist immer ein Leiden verbunden; auf Grund ihres ernsten und nicht fingierten Charakters

---

[1]) vergl. S. 23 ff.

[2]) „Die Rose, deren Wohlgeruch von mehreren genossen wird, verliert nichts von demselben, der Schatten eines Gartens kann viele Freunde aufnehmen, ein Bach vieler Durst löschen, eine reine Luft vieler Brust berauschen, ein Konzert in einem volltönenden und ge-räumigen Saal vieler Ohren entzücken, ein liebliches Gesicht oder ein schönes Gemälde vieler Blicke auf sich ziehen, ohne seinen Reiz einzubüssen." p. 26 f.

verlangt sie, wirklich befriedigt zu werden. Die Ver-
zweiflung des Künstlers und das, was ihn leicht dem
Pessimismus zutreibt, beruht eben darin, dass sein Begehren
so unermesslich ist, während ihm in nur geringem
Masse Genüge geleistet werden kann.

---

Nicht zum Vorteil der geschichtlichen Entwicklung
der Ästhetik hat Guyau das Nützliche, d. h. die äussere
Zweckmässigkeit zur wesentlichen Bedingung des Wohlgefallens gemacht. Guyau's Theorie leidet an der Be-
tonung des pathologischen Interesses, das durch Kant
endgültig von dem Schönen ausgeschlossen zu sein schien.
Durch die Hervorhebung des rein sinnlichen Momentes
für die Beurteilung der Schönheit wurde Guyau dazu
verleitet, das Angenehme und die aus ihm entspringende
Begierde, die immer auf eine Erlangung des Objektes
sich richtet, als ausschlaggebend für das ästhetische Urteil
hinzustellen. Das Interesse an dem Schönen ist nach
Guyau ein rein sinnliches; daher betont er so entschieden
die Bedeutung der Fortpflanzung, die doch lediglich auf
der sinnlichen Liebe beruht. Im Zusammenhang damit
gelangt er zu dem einseitigen Urteil über die weibliche
Schönheit. Obgleich sich bei ihm eine Andeutung des
konkreten Gegensatzes zwischen der männlichen und
weiblichen Schönheit findet, vermag er doch nicht die
Folgerung aus diesem Gegensatz zu ziehen, woraus sich
beide Geschlechter als ästhetisch gleich wertvoll ergeben
hätten. Während Guyau die Ästhetik einer Überschätzung
des Gesichts- und Gehörsinns bezichtigt, leidet seine
Theorie an einer Überschätzung der dumpferen Sinne,
des Geschmacks, Geruchs und Gefühls. Sein Standpunkt
ist ein zum Materialismus hinneigender sensualistischer. Mit
der Zurückweisung der von Guyau aufgestellten Bedeutung
der Begierde fällt zugleich seine Definition der ästhetischen

Erregung. Er fühlt sehr wohl, dass mit der Zurückführung des Gefallens am Schönen auf die Begierde eine Allgemeinheit des Wohlgefallens unmöglich ist, aber der Versuch, diese Schwierigkeit zu beseitigen, muss als durchaus verfehlt betrachtet werden.

Endlich sei noch erwähnt, dass man sowohl hier wie anderwärts einen Hinweis auf die Thätigkeit der Phantasie vermisst, insofern der Dichter nicht nur strebt, das Leben aller Menschen zu leben, sondern es wirklich lebt und zwar mit Hilfe der Phantasie.

## III.

### Zweck und Wille.

*Die Schönheit der Bewegung beruht auf der Ökonomie der Kraft, d. h. auf Ordnung, Rhythmus, will sagen Anpassung der Bewegung an den Zweck, der zu derselben immer koordiniert sein muss. Koordination der Bewegung in Beziehung auf einen Zweck ist Arbeit. Nicht nur die Bewegungen des Spiels, sondern auch die der Arbeit wirken ästhetisch und zwar letztere in noch höherem Masse, da sie durch den Zweck vernünftig gerechtfertigt erscheinen.*

*Die Schönheit der Bewegungen ist ausserdem eine Äusserung der Kraft, d. h. des Willens, der im Rhythmus seine Beharrlichkeit und die Übereinstimmung mit sich kundgibt. Anmut ist ebenfalls Ausdruck eines Willenszustandes, nämlich das Zeichen des mit sich und seiner Umgebung sich in Harmonie befindenden Willens. Durch Assoziation der Gefühle kann die Anmut in das Erhabene übergehen, während die höchste Schönheit in der Verbindung von Kraft und Anmut liegt.*

## A. Der Zweck.
### Die Ökonomie der Kraft als Prinzip der Schönheit der Bewegungen.

1. Der erste Charakter der Schönheit der Bewegungen ist die Kraft. Man empfindet ein ästhetisches Vergnügen durch das Gefühl der Stärke und die Bethätigung der Kraft an einem Hindernis, oder wenn man sieht, wie andere die ihrige bethätigen.

2. Zum zweiten offenbart sich die Schönheit der Bewegungen als Harmonie, Rhythmus, Ordnung, d. h. Anpassung der Bewegung an ihre Umgebung und an ihren Zweck. Jeder Körper, der eine bestimmte Umgebung durchdringt, stösst auf mehr oder weniger grosse Widerstände. Hieraus ergeben sich aufeinanderfolgende Bewegungen nach vorn und hinten, mehr oder weniger wellenförmige Linien, die den Rhythmus erzeugen. Rhythmus oder Ordnung ist also nichts von der Kraft Getrenntes, sondern ein Mittel für die Kraft, sich gegenüber den Widerständigen so gross als möglich zu erhalten: Ordnung ist Ökonomie der Kraft.

3. Die Schönheit der Bewegungen zeigt sich als Anmut. Eine Bewegung macht auf uns den Eindruck der Anmut, wenn die Muskelanstrengung bei ihr vollständig verschwunden zu sein scheint, so dass die Glieder frei spielen, wie von der Luft getragen. „Eine Thätigkeit besitzt umsomehr Anmut, als sie mit dem geringsten Kraft-

aufwand ausgeführt wird. (Spencer)". Hieraus erklärt sich der Vorzug der krummlinigen Bewegung; die krumme Linie ist gleichsam das Schema einer Bewegung, bei der der Kraftverlust nur sehr gering ist, wo keinem Muskel eine unnütze Bewegung zugemutet wird. Ein Übermass an Muskelanstrengung, d. h. ein zu grosser Kraftverlust wird eine ungeschickte Bewegung im Gefolge haben, die sich der Anschauung als plötzliche Richtungsänderung, als etwas Winkliges darbietet.

Das Kriterium dafür, inwiefern und ob überhaupt die Kraft im Übermass aufgewandt ist, liegt in dem Zweck, der der Bewegung koordiniert sein muss. Diese Koordination gibt den Bewegungen erst einen Sinn für den Verstand, indem sich mit der aufgewandten Kraft Harmonie verbindet. Die Koordination der Bewegungen in Beziehung auf einen Zweck ist Arbeit.

Bisher legte man nur den Bewegungen des Spiels ästhetischen Wert bei; es wird sich aber zeigen, dass auch der Arbeit ästhetisch wertvolle Bewegungen zukommen. Sogar die täglichen Arbeiten der Handwerker zeigen eine Fülle ästhetischer Bewegungen von grosser Schönheit, die aber alle untrennbar sind von dem verfolgten Zweck. Aus ihm und der Anstrengung der Kräfte auf den einen Zweck erklärt sich der Rhythmus in ihren Bewegungen. Auf den Zweck richtet sich unser Interesse, das von jeder Beweg-ung, deren Richtung wir kennen, erweckt wird, während dies bei einer Bewegung, die keinen bestimmten Zweck verfolgt, nicht der Fall ist. Mit dem Erkennen des Zwecks ist eine Befriedigung des Verstandes verbunden, da wir das Verhältnis zwischen der Grösse des Zwecks und der aufgewandten Kraft feststellen können. Dann wirkt sogar die Anstrengung ästhetisch, selbst wenn sie sich in der Ermüdung und in der Veränderung der Gesichtszüge kund-giebt, vorausgesetzt, dass sie im Verhältnis und in Über-einstimmung zu dem gewollten Zweck steht. Wenn das

Spiel dagegen Anstrengung kostete, so könnte sie uns nur unangenehm überraschen, weil ein Missverhältnis zwischen den Mitteln und dem Zweck entstünde. Es ergiebt sich, dass jede Arbeit, die sich vernünftig rechtfertigt, ästhetische Elemente enthält, weit mehr als das Spiel, da es unserem Verstande missfällt, wenn er sieht, wie das Nutzlose zum Zweck durch den Willen gemacht wird. Die Arbeit schliesst selbst die Anmut der Bewegungen nicht aus. Das Urteil über den gemachten Kraftaufwand ist hier wie sonst abhängig von dem Zweck. Da aber Koordination der Bewegungen in Rücksicht auf einen Zweck Arbeit ist, so folgt daraus, dass auch die Anmut meist in einer Art bewusster oder unbewusster Arbeit besteht, die bei geringerer Anstrengung mit grösserer Bestimmtheit und Gewandtheit ausgeführt wird. Die Anmut kann daher definiert werden als völlige Anpassung an einen wirklichen oder erdichteten Zweck, d. h. als harmonisches Gleichgewicht zwischen dem Leben und seinem Milieu. Die Anmut kann sich zwar einfach im Leichten und Natürlichen finden, aber sie ist nicht unvereinbar mit der Arbeit im allgemeinen, sondern nur mit verlorener Arbeit, mit unnützer Anstrengung [1]).

Hieraus ergeben sich 2 Folgerungen:

1. Wenn das Spiel, d. h. die Übung eines Organs ohne nützlichen Zweck an und für sich ästhetisch ist, so ist es die Arbeit, als Übung eines Organs für einen vernünftigen Zweck noch mehr. Wenn sie oft weniger Anmut hat, so kann sie dafür mehr Schönheit und Grösse

---

[1]) „Man lacht z. B. über Hercules am Spinnrad, es ist lächerlich, wenn man sich vorstellt, wie ein Koloss eine Nadel einfädelt; hier übertrifft die entfaltete Kraft zu sehr das unbedeutende Ergebnis, sie wird vergeblich verbraucht, und die Macht selbst wird eine sichtbare Ursache der Ohnmacht; dagegen wird ein kräftiger Mann, der im Spiel oft schwerfällig erscheint, anmutig, wenn er eine Arbeit verrichtet, die seinen Muskeln angemessen ist". p. 41. f.

besitzen. Dem Schiller'schen Wort „der Mensch ist nur vollkommen, wenn er spielt" muss man das andere entgegen-
halten „der Mensch ist nur vollkommen, wenn er arbeitet".

2. Die Schönheit der Bewegungen kann nicht einfach
als Ökonomie der Kraft definiert werden; die höchste
Schönheit liegt nicht in der Sparsamkeit, sondern in der
Verschwendung der Kraft, insofern mit dem Wachsen und
der Grösse des Zwecks ein Wachsen des Kraftaufwandes
verbunden sein muss und es Zwecke giebt, die so erhaben
sind, dass im Vergleich zu ihnen jeder Kraftaufwand eine
Kleinigkeit wird. Dann sinken die Glieder zu blossen
Werkzeugen des Willens herab, durch den wir zur
Bewunderung hingerissen werden [1]).

Diese Betrachtung bildet den Übergang von der
Erklärung der oberflächlichsten ästhetischen Eigenschaften
der Bewegungen aus den mechanischen Gesetzen zu der
tieferen Begründung, da die eigentliche Erklärung für die
höchste Schönheit der Bewegung in dem Willen und in
den Gefühlen zu suchen ist.

## B. Der Wille.

Auf Grund der Gewohnheit und der Assoziation
drückt jede Bewegung ein Gefühl aus, d. h. einen Zu-

---

[1]) „Der Bote von Marathon, dargestellt von griechischen
Künstlern, mochte mit Schweiss und Staub bedeckt sein und in
seinen Gliedern die Ermattung der Kraft und den beginnenden Todes-
kampf widerspiegeln: er hielt, um verklärt und erhaben zu werden,
den Lorbeerzweig, den er über seinem Haupte schwang; dieser
gebrochene aber triumphierende Mensch ist wie ein Symbol der
menschlichen Arbeit, dieser höchsten Schönheit, die nicht mehr aus
Sparsamkeit, sondern aus Verschwendung, nicht mehr aus Leichtig-
keit, sondern aus Anstrengung geschaffen ist, wo die Bewegung nicht
mehr als das Zeichen und das Mass der aufgewandten Kraft, sondern
wie der Ausdruck des Willens und das Mittel, seine innere Energie
zu schätzen, erscheint". p. 43.

stand des Bewusstseins; jede Kundgebung des äusseren Lebens ist zugleich eine Offenbarung des inneren. Die Schönheit der Bewegungen liegt daher hauptsächlich in dem Ausdruck. Sie ist um so grösser, je erhabener, geistiger und sittlicher das Leben ist, das durch sie einen Ausdruck erhält. Bei jeder Bewegung, die auf uns den Eindruck der Schönheit macht, müssen wir einen Beweger annehmen, der uns gleicht, zumal jede schöne oder anmutige Bewegung etwas Lebendes hat. Erst dann können wir eine Bewegung ästhetisch geniessen, während die Offenbarung der rohen Kraft uns kalt lässt. Wollen wir aber die Natur schön finden, so müssen wir sie uns lebend vorstellen und zwar soviel als möglich unter menschlicher Gestalt.

## Die Qualitäten der Bewegung.

1. **Die Kraft.** Unter Kraft versteht man entweder eine abstrakte mechanische Formel, oder aber eine Thätigkeits- oder Willensentfaltung, von der wir nur durch das Bewusstsein Kenntnis haben. Sie ist also auf einen einfachen Bewusstseinszustand zurückzuführen und ist selbst wieder mit anderen Gefühlen jeder Art verbunden (Selbstvertrauen, Mut). Dieser Zustand des Bewusstseins erscheint als gleichbedeutend mit dem Willen. Man kann daher behaupten, dass auch die physische Kraft zur moralischen Energie gehört. So gut man sagt: wollen ist können, so kann man auch mit demselben Rechte behaupten, dass viel-können heisst, sich zu viel-wollen angeregt fühlen. Wie wir aber auch — mit Recht oder Unrecht — gewohnt sind, überall eine Übereinstimmung zwischen Natur und Moral herzustellen, so hat man auch die physische Kraft zum Symbol des vermögenden Willens gemacht. In der Urzeit der Menschheit galt die Kraft als höchste Tugend, als die Quelle vieler anderen, ihr wohnt

etwas Übermenschliches bei, worauf sich die Hochachtung gründet.

**2. Der Rhythmus.** Rhythmus war oben (S. 16) definiert worden als Ordnung, als Anpassung der Bewegung an ihren Zweck, d. h. als Ökonomie der Kraft. Allein auch der Rhythmus ist keineswegs nur Ökonomie der Kraft. Er giebt den Bewegungen ihre Regelmässigkeit und ist so die Folge der Stetigkeit der Bewegung und der Beharrlichkeit der Kräfte. Seine Bedeutung reicht aber noch tiefer, insofern er das Zeichen der Ausdauer des Willens ist; seine Harmonie versinnbildlicht die Übereinstimmung des Willens mit sich.

**3. Die Anmuth.** Auch die Anmut drückt einen Zustand des Willens aus. Die Beobachtung lehrt, dass anmutige Bewegungen immer mit Freude und Wohlwollen verbunden sind. Beide sind Zustände des Bewusstseins. Freude ist das Bewusstsein eines vollkommenen Lebens, das mit seiner Umgebung in Harmonie sich befindet, d. h. zufriedengestellter Wille. Wohlwollen dagegen ist der Zustand des Bewusstseins, in dem der Wille darnach strebt, einen anderen zu befriedigen. Beide Zustände erhalten ihren sichtbaren Ausdruck in der Anmut. Diese setzt eine gewisse Abspannung der Muskeln voraus, weshalb sie sich bei dem Tiere nur in dem Zustand der Ruhe findet. Wohlwollen äussert sich immer durch wellenförmige und ungezwungene Bewegungen; diese erwecken Sympathie, deren Ausdruck sie sind.

Anmut findet sich nur da, wo man sich gehen lässt. Dieses Sich-gehenlassen tritt aber in seinem ganzen Umfang nur in der Liebe ein. Die Anmut ist, wie Schelling mit Recht sagt, der Ausdruck der Liebe; sie scheint zu lieben und deswegen liebt man sie [1]).

---

[1]) „Bevor ein junges Mädchen Liebe gefühlt hat, besitzt es noch nicht die höchste Anmut, die noch schöner als die Schönheit ist. Wie das Kind kann es die Anmut der Freude haben, aber es hat noch nicht die der Zärtlichkeit". p. 47. f.

Die Anmut im eigentlichen Sinn kann sich mit der Erregung des Erhabenen vermischen, insofern Bewegungen, die rein physiologisch betrachtet, das Leben in seinem vollsten Gleichgewicht darstellen würden, durch Assoziation der Gefühle das Gefühl des Erhabenen hervorrufen und so zum höchsten und vollsten Ausdruck des inneren Lebens, folglich der grössten Schönheit werden [1]). Wenn Kraft und Anmut dazu dienen, das Leben, vor allem das innere Leben auszudrücken, so vertritt die Kraft die männliche, die Anmut die weibliche Seite. Die höchste Schönheit der Bewegungen wird nun in dem Ausdruck des reichsten inneren Lebens liegen, d. h. in der Verbindung von Kraft und Anmut, in der Vereinigung des Ausdrucks des kraftvollsten und mildesten Willens.

---

Das Bedenkliche in der sonst beachtenswerten Ausführung Guyau's über den letzten Grund der Schönheit liegt in der Übertragung der verstandesmässigen mechanischen Erklärung der physiologischen Bedingungen der Schönheit der Bewegungen auf die ästhetische Wertschätzung derselben. Unser Interesse darf sich im Gegenteil nicht auf den Zweck richten. Die ästhetische Anschauung muss frei sein und darf nur die Bewegung als solche ohne Rücksicht auf den Zweck zum Gegenstand haben.

In der mechanischen Erklärung der Schönheit der Bewegungen, bei der sich, nebenbei bemerkt, wieder die falsche Auffassung des Spiels geltend macht, ist sich Guyau

---

[1]) „Der „Adam" Michel-Angelo's, der zum Leben erwacht, streckt seinen Arm unermesslich weit aus, indem er vor sich blickt, und diese einzige Geberde giebt unter einer sichtbaren Form die ganze Unendlichkeit der Welt wieder, die er zum ersten Male gewahr wird. In der „Himmelfahrt" Tizians genügt die einfache Umwendung des Hauptes und die Vergrösserung der Augen, um die ungeheure Anziehungskraft des offenen Himmels auszudrücken". p. 48.

nicht immer bewusst geblieben, dass der zur Verwendung kommende Kraftaufwand immer r e l a t i v sein muss. Dies zeigt sich bei der zweiten Folgerung, die Guyau aus seiner Theorie zieht (S. 19). Mit der Grösse des Zwecks muss auch die Summe der aufgewandten Kraft wachsen; immerhin werden aber auch in diesem Falle die Mittel ökonomisch verwendet. Man giebt sich einer Täuschung hin, wenn man dann von Verschwendung der Kraft redet, wo in Wahrheit doch nur Ökonomie vorliegt, insofern die Verwendung in richtigem Verhältnis zum gewollten Zweck steht. Über die Aufgabe, die hinsichtlich der Bedeutung der ökonomischen Verwendung der Kraft für die Ästhetik zu lösen wäre, spricht sich F e c h n e r , Vorschule der Ästhetik II, 264 aus: „Dass es uns überhaupt gefalle, möglichst geringe Kraft zu brauchen, lässt sich nicht sagen, sondern nur r e l a t i v geringe im Verhältnis zu einer bezweckten Leistung. Und so gälte es für ein Fundamentalprinzip der Ästhetik, diese Relation auf einen klaren Gesichtspunkt zu bringen, und zwar einen solchen, der nicht blos die Beziehung zu bezweckten Leistungen, um die es sich ja nicht bei jeder Lust und Unlust handelt, sondern der alle Fälle der Entstehung von Lust und Unlust unter sich begreift."

Im allgemeinen ist zu bemerken, dass die Gefühle zur Erklärung des tieferen Grundes der Schönheit der Bewegungen unzureichend sind, da sie selbst erst durch eine Vorstellung, das Bild eines Gegenstandes, erweckt werden.

IV.

### Das Gute und das Schöne.

*Die Schönheit der Gefühle, deren Ausdruck die Bewegung ist, ist gleichfalls Offenbarung eines Willens. Auch ihr sind die Qualitäten*

*Kraft, Rhythmus, Anmuth, eigen, die sowohl dem G u t e n als auch dem Schönen zukommen: g u t und s c h ö n sind i d e n t i s c h, nicht weniger in Hinsicht auf Handlungen als auch auf Gefühle. Selbst unmoralische Gefühle sind in dem Verhältnis gut als sie ästhetisch erscheinen. So verschieden aber auch Kunst und Moral an sich sind, so ist doch die moralische Bewunderung die höchste ästhetische Erregung und zugleich ein Mittel für die Kunst, ihren höchsten Zweck, die moralische Veredlung der Menschheit, zu erreichen.*

Die Schönheit der Bewegungen ist zurückzuführen auf Gefühle, z. B. auf das Gefühl der Freude, des Wohlwollens. Beide sind Zustände des Bewusstseins, d. h. des Willens. Wie nun die Bewegungen, um schön zu erscheinen, die Eigenschaften Kraft, Rhythmus, Anmut haben müssen, so kommen diese nämlichen Qualitäten auch der Schönheit der Gefühle zu, von denen die Bewegung ihren Ausgang nimmt, d. h. sie wird ebenfalls einen Willen offenbaren, der mit seiner Umgebung und den anderen Willen sich in Übereinstimmung befindet. Da nun diese Gefühle der Freude, des Wohlwollens, des Mitleids an sich g u t sind, zugleich aber auch, als von dem Willen abgeleitet, der Grund für schöne Bewegungen sein können, so sind die Eigenschaften der Kraft, des Rhythmus, der Anmut sowohl dem G u t e n als auch dem S c h ö n e n eigentümlich, woraus sich die I d e n t i t ä t d e s G u t e n u n d S c h ö n e n ergiebt. Diese Identität besteht sowohl für H a n d -

lungen[1]) als auch für Gefühle, da eine Handlung
sehr oft erst dann als ästhetisch wertvoll erscheint, wenn
sie sich in Hinsicht auf ihren Zweck als sittlich gut recht-
fertigt, und die Gefühle der Sympathie, des Mitleids, des
Unwillens gut und zugleich schön sind. Die künstlerische
Erregung ist oft nichts anderes als eine aus der sittlichen
Erregung abgeleitete Form, insofern die Kunst als soziale
Schöpfung zur wesentlichen Bedingung den mitempfindenden
Anteil hat, den wir an den Leiden und Freuden eines
anderen nehmen. Je tiefer daher ein Wesen eine ästhetische
Erregung zu fühlen vermag, um so sittlicher ist es.

Selbst unmoralische Gefühle, die die Kunst aber doch
verwendet, wie Zorn, Rache, Hass, erscheinen von der
Seite und in dem Masse gut, als sie ästhetisch erscheinen. Rache vermischt sich bei den wilden Völkern
mit der Gerechtigkeitsliebe, der Zorn ist eine niedere
Form des Unwillens, im Neid versteckt sich ein Gefühl
der Gleichheit. Auch im Hass, der mit der Rache gleichen
Ursprungs ist, finden sich Elemente, die eine gleichsam
vom Wege abgekommene Sittlichkeit (une moralité deviée)
enthalten. Er ist bei den barbarischen Rassen für das
Individuum eine Existenzbedingung und gefällt auch nur
in dieser Umgebung. Im allgemeinen haben die energischen
Gefühle, der zähe, selbst ungestüme Wille, immer etwas
Gutes und Schönes, selbst wenn ihr Gegenstand schlecht
und hässlich ist.

---

[1]) Es scheint uns, dass die Thätigkeit, der Wille, z. B. der, der
einen Akt des Patriotismus erfüllt, nicht allein schön, sondern gut
in dem Masse ist, als er schön ist; der Zweck andrerseits, d. h. das
gerettete Vaterland, ist nicht allein gut, sondern schön in dem
Masse als er gut ist . . . . . die Handlung sich in's Wasser zu stürzen
und selbst darin zu ertrinken hat an sich nichts Schönes; sie gewinnt
ästhetische Geltung nur in dem Verhältnis als sie einen moralischen
Wert erhält, wenn sie sich rechtfertigt durch einen Zweck freiwilliger
Aufopferung." p. 49 f.

Aus der Identität des moralischen Gefühls mit dem ästhetischen folgt aber nicht, dass ein Kunstwerk von moralischer Richtung schön sein muss, noch dass die Kunst sich mit der Lebensrichtung verbinden darf. Die Kunst, namentlich die volkstümliche Kunst, verdankt ihre Wirkungen viel häufiger niederen Gefühlen, wie der geschlechtlichen Liebe, der Rache u. a., als den erhabenen, ästhetischen und sittlichen und zwar aus einem leicht ein-zusehenden Grunde: ein Gefühl, das weniger auf Erhaben-heit Anspruch macht, wird viel leichter zu erregen und nach der Erregung festzuhalten sein. Solchen Erregungen ist das Volk viel zugänglicher, sie machen ihm weniger Mühe und können leichter eine dauernde Stärke erreichen, da ihm mehr oder weniger die Fähigkeit versagt ist, jene höchsten sittlichen Gefühle in sich wachzurufen. Dafür sind aber die niederen Gefühle stärker in ihm und seiner Natur angemessener; sie entsprechen also mehr der Richtung seines Lebens. Daher ist die Kunst, trotz der Identität des sittlichen Gefühls mit dem höchsten ästhetischen, doch etwas ganz anderes als die Moral [1]).

Die engen Beziehungen, die gleichwohl zwischen dem Guten und dem Schönen bestehen, kommen am deutlichsten zur Geltung in der moralischen Bewunderung; sie ist die höchste ästhetische Erregung, die in uns wachgerufen werden kann. Im Drama und in dem Roman interessieren wir uns für diejenigen Personen gewöhnlich am meisten,

---

[1]) „Es wird hier das hervorgerufen, was in der Musik ent-stünde, wenn sie sich an etwas harthörige Menschen richtete; sie wäre gezwungen, sich aller feinen Schattierungen, aller feinen und süssen Melodien zu enthalten, die, um wahrgenommen zu werden, eine zu grosse Anstrengung des Ohres und Geistes verlangen; da-gegen würden die lärmenden und leicht erfassbaren Wirkungen diesen spröden Trommelfellen eine angenehme Erregung verursachen. In der Moral stehen wir fast alle noch auf diesem Punkt: Ach! in dieser Hinsicht sind wir alle etwas harthörig". p. 52.

die wir bewundern. Die moralische Verachtung müsste demgemäss in uns den moralischen Abscheu erzeugen; allein dies ist nicht der Fall, da der Unwille erregt wird, der selbst noch ein moralisches Gefühl ist. Die Erhaltung der Kunst beruht auf den nämlichen Gefühlen, wie die der menschlichen Gesellschaft, auf der Sympathie und den edeln Gefühlen. Wie in der Entwicklung der menschlichen Gesellschaft die Gefühle niederer Art, wie der Egoismus, die in der Tiefe unseres Wesens schlummern und von Zeit zu Zeit hervorzubrechen suchen, allmählich erstarren müssen, so können auch diejenigen Kunstwerke, welche ihre Wirkung ausschliesslich auf heftige und egoistische Gefühle berechnen, nur eine niedrige Stelle einnehmen und auf Zukunft keinen Anspruch erheben. Eine Kunst, die nur niedrige Gefühle in uns wachruft, erniedrigt uns; das Gefühl der Bewunderung dagegen, das höchste ästhetische Gefühl, erhebt uns um so mehr und verursacht uns ein reineres ästhetisches Vergnügen, das um so vollständiger ist, je mehr es dem Spiele fremd ist. Die Bewunderung kann kein Spiel sein, sie hat nichts vom Schein. Mag sie hervorgerufen werden durch die Legende oder die Geschichte, durch eine wirkliche oder eingebildete Erscheinung, sie entspricht immer einem moralischen Urteil, das etwas sehr Ernstes ist. Sie bewirkt in uns sogar eine moralische Verbesserung: wenn wir bewundern, sind wir in Wahrheit besser; wir fühlen uns erhoben über uns selbst und fähig, Handlungen auszuführen, vor denen wir sonst zurückweichen würden. „Die Seele schwingt sich zu den Höhen dessen auf, was sie bewundert". Hier liegt der Berührungspunkt zwischen Kunst und Wirklichkeit; sie ist die Wirklichkeit selbst. In dem Gefühl der Bewunderung fallen das Wirkliche und Erdichtete, das Sein und das Scheinen zusammen; man wünscht das zu werden, was man schaut und wird es auch in gewissem Masse. So verwirklicht sich die Meinung, dass das Schöne sehen zugleich heisst insgesamt besser werden und sich innerlich verschönern.

Gut ist demnach identisch mit schön. Die höchste moralische Schönheit wird ihre Schönheit gerade in dem Zweck, nicht in dem Zwecklosen, wie das Spiel, haben. Dieser Zweck ist zugleich der höchste sittliche, insofern er sich auf die Entwicklung des Lebens in dem Individuum und der Gattung bezieht, d. h. zu ihrer sittlichen Veredlung beiträgt.

———

Guyau ist hier in einen prinzipiellen Fehler verfallen, der darin besteht, dass er das Schöne und die Kunst in das praktische Gebiet hinüberzieht. Den Handlungen kommt nicht das Prädikat schön, wohl aber gut zu, Gefühle an sich sind gut, nicht schön; ihre Schönheit liegt nur in ihrer formellen Erscheinung. Daneben macht sich ein Widerspruch mit Guyau's eignen Ansichten fühlbar. Oben (S. 8) hatte Guyau seine Meinung dahin ausgesprochen, dass eine Begierde in unserem Wesen eine angenehme Erregung hervorbringen könne, wenn sie nur nicht zu heftig sei. Zu dieser seiner Lehre tritt er nun in Gegensatz, indem er selbst dem ungestümen Willen, aus dem doch nur ein ungestümes, also zu heftiges Begehren entspringen kann, die Prädikate gut und schön beilegt. Allein der Wille und die Gefühle werden für uns erst schön durch die Art und Weise, wie sie sich äussern, die eben durch die Art des Empfindens bestimmt wird.

Im weiteren Verlauf seiner Theorie begeht Guyau den Irrtum, der Kunst einen sittlichen Zweck zuzuschreiben, den sie aber nicht haben kann, da sie an sich durchaus gleichgültig gegen die Moral ist. Allerdings wirkt das wahrhaft Schöne veredelnd, diese Wirkung ist aber eine ungesuchte, die aus der gehobenen Empfindung entspringt, mit der es uns entlässt. In dieser Hinsicht kann die Kunst allerdings erziehend wirken. vgl. Vischer, das Schöne und die Kunst, Vorträge 19. 149.

———

## V.

### Die Schönheit der Empfindungen.

*Die Empfindungen des Gesichts und Gehörs wirken zum grossen Teil ästhetisch durch das in ihnen thätige Prinzip der ökonomischen Verwendung der Kraft der Gesichts- und Gehörmuskeln. Wir sind bei einer Wahrnehmung nicht nur passiv, sondern auch aktiv beteiligt; je geringer der Kraftverlust der Muskeln ist, welche die Empfindung vermitteln, desto mehr wird das Gefühl eines stärkeren Lebens, d. h. Schönheit, hervorgerufen. Die Theorie, welche die Kunst auf ein Spiel zurückführt, macht sich einer Überschätzung des Gesichts- und Gehörsinns schuldig. Die Empfindungen, welche diese Sinne uns liefern, werden — dies gilt vor allem für die Empfindungen des Gesichts — zum grossen Teil erst ästhetisch wertvoll durch die Ideenassociationen, die wir mit ihnen verbinden und die auf den anderen Sinnen wie Geruch, Geschmack und Gefühl (Tastsinn) beruhen. Es muss betont werden, dass jede angenehme Empfindung einen ästhetischen Charakter annehmen kann, wenn sie sich nicht auf einen Punkt des Organismus lokalisiert, sondern durch Association eine Menge komple-*

*mentärer Gefühle und Gedanken wachruft und
so einen gewissen Grad der Stärke, des Wider-
halls im Bewusstsein erreicht. Dies ist der
Timbre der Empfindung und der Sitz des
Schönen.*

## Λ.

## Analyse der einzelnen Empfindungen.

### 1. Die Empfindungen des Gesichts.

Die Schönheit der Empfindungen des Gesichts beruht hauptsächlich auf der Ökonomie der Kraft der Gesichtsmuskeln, d. h. „das Maximum der Wirkung wird
durch das Minimum des Kraftaufwandes verwirklicht.
(Spencer.)"

Aus dem Prinzip der Ökonomie der Kraft der Seh-
muskeln erklärt sich zunächst unsere Vorliebe für Wellen-
linien, die wir gebrochenen Linien vorziehen, weil jene nur
geringe Anstrengung der Gesichtsmuskeln verlangen;
wenn man ihnen folgt, braucht das Auge seine Bewegung
nicht plötzlich aufzuhalten oder seine Richtung zu ändern,
wie es bei einer Zickzacklinie der Fall ist. Dasselbe Prinzip — darauf deutet sogar die Beschaffenheit der Netz-
haut — liegt dem Umstande zu Grunde, dass wir die
Anordnung um einen Mittelpunkt (kreisförmige, stern-
förmige, strahlenförmige Formen) oder um eine Axe
(Baum-, Stamm-. Blumenformen) lieben. Die Eigenschaften
der Ähnlichkeit, die wir in den Formen suchen, die Übereinstimmung der Richtungen, die Gleichheit der Grössen,
die Proportionalität, die auf die Einheit zurückgeführte
Mannigfaltigkeit, tragen dazu bei, trotz des Verbrauchs,

Muskel- und Nervenkraft zu sparen.[1]) Spencer hat demnach Recht, wenn er sagt, dass eine Form um so schöner
ist, als sie die grösste Zahl der bei der Wahrnehmung
beteiligten Nervenelemente wirksam beschäftigt und nur
die kleinste mögliche Zahl derselben überlastet. Verlangt
aber die Form, um erfasst zu werden, eine gewisse Anstrengung, so wird sie die Vorstellung des G r a n d i o s e n,
E r h a b e n e n, nicht die der Schönheit im eigentlichen
Sinne hervorrufen. Die vertikale Lage hat in dieser Hinsicht etwas Stärkeres und Energischeres, da sie von dem
Auge eine grössere Anstrengung verlangt; sie ist die
Stellung alles Lebendigen und Kämpfenden. Die horizon-
tale Lage dagegen ist die Lage alles Ruhenden und macht
demnach von den drei Dimensionen die geringste Wirkung.
Dass der ästhetische Wert der Empfindungen des
Gesichts und Gehörs viel grösser ist als man gewöhnlich
annimmt, zeigt das Verhältnis von Auge und Licht, die
Sprache der Dichter und die mit den Gesichtswahrnehmungen verbundenen Ideenassociationen.

Das Auge ist der Sinn des Lichtes. Licht und
Wärme sind den lebenden Wesen gleich notwendig; durch
das Licht wird das Wachstum noch mehr gefördert. Ausserdem verbinden sich Licht- und Wärmeschwingungen, so
dass die Gesichtswahrnehmungen nur eine Absonderung
(spécialisation) des allgemeinen Empfindungsvermögens
sind, das der Organismus in Bezug auf die Schwingungen
des Äthers besitzt. Viele Lichtempfindungen sind nicht
nur als solche angenehm, sondern sie bezeichnen auch
dadurch, dass sie auf den Organismus einen tiefen Einfluss

---

[1]) „Inmitten der scheinbaren Unordnung einer gothischen Kirche
erlaubt die beständige Wiederkehr derselben Spitzbogenform dem
Auge wie dem Geiste, das Bekannte selbst in dem Unerwarteten
wiederzufinden, sich zu orientieren: es ist der Faden der Ariadne
inmitten des Waldes." p. 57.

ausüben, ein völliges Wohlbefinden desselben. Dies hat statt bei dem Übergang aus der Dunkelheit in das Licht, bei dem Hervorbrechen des blauen Himmels, der Lebhaftigkeit der Farbe. Am meisten dürfte dieses Wohlbefinden von der Pflanze empfunden werden, obgleich sie nicht mit dem Gesichtssinn begabt ist; sie welkt in der Dunkelheit und wendet sich immer gegen das Licht, als wenn sie es sähe. [1])

Um die ästhetische Erregung in ihrem ganzen Umfang und ihrer ganzen Bedeutung auszudrücken, genügen dem Dichter die Worte „schön" und „anmutig" nicht; er entlehnt sich die passenden Ausdrücke bei den niederen Sinnen, die in enger Beziehung zu dem Leben stehen, bei dem Gefühl, dem Geschmack und Geruch.

Die Ideenassociationen haben zum Mittelpunkt die Gesichtsempfindungen; um sie gruppieren sich ganze Bruchstücke unserer Existenz, sie sind das Leben in wenig Worten. Für ein Wesen, das mit dem Gesichtssinn begabt ist, ist das Gedächtnis eine Reihe von Bildern und Farben, die sich einander halten und hervorrufen. [2]) Schon eine einfache Farbe hat eine Bedeutung und ohne Zweifel besteht zwischen den Wahrnehmungen des Gesichts und

---

[1]) „Die Poesie des Lichtes rührt her von seiner Notwendigkeit für das Leben und dem heftigen Reiz, den es auf unseren ganzen Organismus ausübt. Das Vergnügen, das uns z. B. der Aufgang des Tages verursacht, ist weit mehr als eine Befriedigung des Auges: mit unserem ganzen Wesen begrüssen wir den ersten Strahl des Lichtes." p. 69 f.

[2]) „Man betrachte eine Rose in einer Vase; sofort wird uns wie durch einen heftigen Windstoss die undeutliche Erinnerung an alle Empfindungen, an alle Gefühle, die gewöhnlich mit einer Rose verknüpft werden, zum Bewusstsein kommen: man wird sich einen Garten vorstellen, Boskets, einen Spaziergang, vielleicht einen Spaziergang zu Zweien, vielleicht eine Hand, die die Rose pflückt, um sie uns anzubieten, vielleicht ein Mieder, dessen Schmuck sie sein könnte." p. 70.

den Vorstellungen eine geheime Harmonie, auf die Dichter und Maler immer Rücksicht genommen haben.[1]

## 2. Die Empfindungen des Gehörs.

Die höchsten ästhetischen Eigenschaften sind bedingt durch die soziale Bedeutung des Tones als Mittel der Mitteilung unter den lebenden Wesen. Der Reiz des Tones liegt in seiner Ausdrucksfähigkeit, indem er an Freud und Leid der anderen Wesen teilnehmen lässt. In jedem gefallenden musikalischen Ton liegt etwas Menschliches; die Instrumentalmusik ist nur eine Entwicklung der menschlichen Stimme, der Gesang eine Entwicklung des Accents. Harte und rauhe Töne erinnern an den Ton der Stimme im Zorn, süsse Töne erwecken in uns die Ideen der Sympathie und der Liebe. Die Tonschwingungen müssen aber unabhängig von dem Gehör schon etwas mehr oder weniger Ästhetisches haben und können von dem ganzen Körper wahrgenommen werden.

a. Die Stimme und der Accent. Die monotone Stimme wirkt unangenehm, weil sie das Ohr beständig in derselben Weise beschäftigt und so die Gehörnerven abnutzt. Dagegen lässt die Verschiedenheit des Tones und seiner Stärke das Ohr in seiner Arbeit selbst ausruhen. Die ästhetische Wirkung des Tones für das Ohr liegt in dem Accent als unmittelbarem Ausdruck des Gefühls. Auf ihm beruhen die Erfolge des Redners, und er ist ein wesentliches Element der dramatischen Kunst.

b. Ton und Rhythmus. Das Angenehme und Unangenehme des Tones beruht einmal auf der Art und Weise, wie die Schallwellen die Gehörnerven, die sich

---

[1] „Nicht ohne Grund kleideten sich die Rhapsoden, die die Ilias vortrugen, in Rot zur Erinnerung an die von dem Dichter beschriebenen blutigen Schlachten; dagegen trugen diejenigen, welche die Odyssee deklamierten, blaue Gewänder, eine friedlichere Farbe, das Sinnbild des Meeres, auf dem Odysseus so lange umherirrte." p. 07.

ebenfalls in beständiger Schwingung befinden, treffen. Der Ton wirkt angenehm, wenn die Luftwellen die Schwingungen der Gehörnerven begünstigen, unangenehm, wenn die Schwingungen der Luft denen der Gehörnerven entgegenarbeiten. Andrerseits ist das Angenehme und Unangenehme des Tones eine Folge der Regelmässigkeit und Unregelmässigkeit der Schallwellen. Wird ein Körper einmal getroffen, so entsteht ein einzelnes Geräusch. Da die Wellen in diesem Fall noch unregelmässig sind, so wird der Ton unangenehm wirken, dagegen angenehm, wenn er in einem bestimmten Rhythmus wiederholt wird. Die Bedeutung des Rhythmus für den musikalischen Ton ist daher wesentlich. Er gibt dem Ohre die Möglichkeit, sich den Schwingungen der Luft anzupassen, die Töne vorherzusehen und sich so auf sie vorzubereiten. Auf diese Weise ist im Rhythmus das Prinzip der Ökonomie der Kraft wirksam, das seinen ästhetischen Charakter bedingt.

c. Konsonanz und Dissonanz. Das Angenehme und Unangenehme der Konsonanzen und Dissonanzen ist ebenfalls eine Folge der ökonomischen Verwendung der Mittel. Eine Dissonanz wirkt nach Helmholtz unangenehm durch die Kreuzung der Schallwellen, die sich auf dem Durchschnittspunkt einander aufheben, woraus Unterbrechungen (intermittences) des Tones entstehen. Das Ohr wird beständig überrascht; ehe es ihm noch möglich war, neue Kräfte für die nächste Empfindung zu sammeln, wird es von einer neuen Welle getroffen. Es findet also ein vergeblicher Aufwand an Kraft statt, eine Arbeit ohne Zweck, so dass diese Kraftvergeudung die Ursache des Unangenehmen der Empfindung ist.

Es ergiebt sich, dass wir bei einer Wahrnehmung nicht allein passiv, sondern auch aktiv beteiligt sind. Verwenden wir unsere Kraft in Übereinstimmung mit den äusseren Kräften, so ist der Kraftverlust geringer, als wenn diese Übereinstimmung nicht stattfindet; infolge dieses geringeren Kraftverlustes entsteht das Gefühl eines stärkeren Lebens, d. h. Schönheit.

### 3. Die Empfindungen des Warmen und Kalten.

Der ästhetische Wert des Warmen ist enthalten in seiner Bedeutung als Lichtwirkung, als belebende Wärme, d. h. als das von dem gesamten Organismus empfundene Licht, ebenso wie das Kalte ästhetisch wirkt durch den Reiz, den es auf den Organismus ausübt. So wird einem Fieberkranken das auf die Stirne gelegte Eis eine ausserordentlich angenehme Empfindung verursachen, die weit lieblicher und ästhetischer ist als der vorübergehende Akkord, der dem Ohre schmeichelt, da sie eine physische und seelische Beruhigung hervorruft. „Vielleicht erschüttern aber auch in der Krankheit, wo die Zartheit des Nervensystems so ausserordentlich gross ist, die geringsten Empfindungen uns tief und streben so eine ästhetische Schattierung anzunehmen, die sie gewöhnlich nicht haben".

### 4. Das Gefühl (Tastsinn).

Der Tastsinn oder das Gefühl liefert uns als Ergänzung des Auges beständig ästhetische Erregungen. Es besitzt sogar viel grössere Empfindlichkeit als das Auge, z. B. für scharfe Ecken und Kanten. Deshalb werden Blinde das Angenehme gekrümmter Linien viel mehr empfinden als die, welche sie nur mit dem Auge wahrnehmen. Wenn dem Gefühl auch der Sinn für die Farbe fehlt, den das Auge besitzt, so ist ihm dagegen die Vorstellung des Zarten eigen, die uns das Auge allein nicht zu geben vermag. Die Wirkungen der Farben beruhen zuweilen auf den Ideenassoziationen, die dem Tastsinn entstammen. So ist das Bild eines grünen Rasens nicht zu trennen von der Vorstellung des Zarten und des Vergnügens, das unsere Glieder empfinden würden, wenn sie sich auf ihm ausstrecken könnten. Ähnlich wirken blonde oder schwarze Haare, die ebenfalls die Empfindung des Zarten wachrufen. „Selbst das Blau des Himmels, so unbetastbar es ist, gewinnt zuweilen den Schein eines Sammetstreifens, der seinen Reiz erhöht, indem er ihm eine unbeschreibliche Zartheit verleiht".

## 5. Der Geschmack.

Es giebt Genüsse des Geschmackes, die zu den wirklich ästhetischen Genüssen gehören. Auf gestillten Durst und Hunger folgt ein ästhetisches Vergnügen. Infolge der unmittelbareren Wirkung ist es nach der Stillung des Durstes lieblicher als nach der des Hungers. Werden aber Hunger und Durst zu gleicher Zeit befriedigt, so erreicht das Vergnügen seinen Höhepunkt. Dass die Empfindungen des Geschmacks wirklich ästhetischen Charakter haben können, beweist einmal der Umstand, dass auf sie der Ursprung einer niedrigeren Kunst, der Kochkunst, zurückzuführen ist, vor allem aber der Sprachgebrauch der Dichter, welche Metaphern, die den Empfindungen des Geschmacks entlehnt sind, mit Vorliebe verwenden (z. B. das Hohe Lied).

## 6. Der Geruch.

Gegen die Empfindungen des Geschmacks und Geruchs wurde namentlich der Vorwurf erhoben, dass es für den Verstand nicht möglich sei, bei den Eindrücken, die diese Sinne uns geben, die elementaren Empfindungen zu unterscheiden, vor allem könne niemals eine Wahrnehmung der Form von ihnen ausgehen. Allein diese ist für die ästhetische Erregung auch gar nicht notwendig und wird oft erst nach langer Zeit und ebenso langer Übung erworben. Auf einen Hörer, dessen Gehör nicht geübt ist, wirken auch die kompliziertesten symphonischen Akkorde nur als eine Note; auf einen Beschauer, der nicht geübt ist im Betrachten von Gemälden, wird die reiche Farbenskala eines Malers nur einen einfachen Eindruck machen. Trotzdem können beide ästhetisch geniessen, wenn sie auch infolge ihres nicht geübten Empfindungs-vermögens die Symphonien von Tönen oder Farben nur als einen Einklang erfassen. Obgleich wir also keine Empfindung der Form haben können und die ästhetische Erregung unbestimmt sein wird, so besteht sie nichtsdesto-weniger. Man könnte mit vollem Recht von einem „schönen Geruch" reden, insofern der Geruch der Rose, selbst unabhängig von den Ideenassoziationen, die wir damit verbinden, ein ganzes Gedicht ist, und der Geruch auch bei der Beschreibung von Landschaften eine be-trächtliche Rolle spielt.

## B.
## Die drei Momente der Empfindung.

Wenn jede Empfindung ästhetischen Wert hat, so liegt die Frage nahe, wann und auf welche Weise sie denselben erhält. Hierbei kommt es noch mehr als sonst darauf an, den Begriff des Schönen so weit als möglich zu fassen.

Jede Empfindung geht oder kann durch drei Momente hindurchgehen:

1. In dem ersten Moment fühlt das empfindende Subjekt in sich einen leichten oder heftigen Stoss. Es unterscheidet mehr oder weniger unbestimmt die Inten-sität und spezifische Qualität des Eindrucks, aber nicht mehr, da wir auf dieser ersten Stufe kaum wissen, ob die Empfindung angenehm oder schmerzhaft ist.

2. Diesen angenehmen oder schmerzhaften Charakter nimmt die Empfindung erst auf der 2. Stufe an; er ergibt sich daraus, ob die Empfindung nützlich oder schädlich

ist. Man bezeichnet diesen zweiten Moment als Tonalität der Empfindung.

3. Der dritte Moment wird nach dem Vorgang der englischen Philosophen der Moment der Nervenzerstreuung genannt. Diese findet statt, wenn die Empfindung des Schmerzes oder der Freude nicht unmittelbar verlischt, um einer anderen Platz zu machen, sondern mitempfindend das ganze Nervensystem erregt und durch Association oder Suggestion eine Menge complementärer Gefühle und Gedanken wachruft. In diesem Augenblick strebt die Empfindung, die vorher nur angenehm oder unangenehm war, ästhetisch oder das Gegenteil zu werden. Demnach beruht die ästhetische Erregung in einer Art Widerhall der Empfindung durch unser ganzes Bewusstsein hindurch. „Es ist ein Akkord, eine Harmonie zwischen den Empfindungen, Gedanken und Gefühlen". Zur Grundlage hat die ästhetische Erregung im allgemeinen angenehme Empfindungen; diese Empfindungen haben aber das ganze Nervensystem erschüttert; sie werden im Bewusstsein eine Quelle von Gedanken und Gefühlen. Wie das einzelne Geräusch zu einem Akkord, die einzelne Stimme zu einer Symphonie sich erweitert, so geht die einfache Empfindung zur ästhetischen Erregung über. Wie es aber keine wahre einfache Empfindung gibt, so gibt es auch kein rein lokales Vergnügen, sondern in jedem, noch so einfachen, Vergnügen hallt eine Menge associierter Genüsse wieder. In ähnlicher Weise tönen bei einem Ton die harmonischen Töne mit und erzeugen den Timbre. Man kann daher diesen dritten Moment den Timbre der Empfindung nennen, d. h. die ästhetische Vereinigung der Vergnügen. Dieser Timbre ist der Sitz des Schönen.

———

Der Wert der Guyau'schen Ausführungen wird, trotz der vielen richtigen Einzelbemerkungen, im Ganzen doch beeinträchtigt durch die durchgehende Überschätzung der Empfindungen, die uns die niederen Sinne geben und die, wie Guyau's Theorie selbst zeigt, zu sehr an rein pathologische Reize geknüpft sind. Vor einer derartigen Überschätzung warnt mit Recht Lotze, Gesch. der Ästh. 293, da diese Empfindungen nur niedrige Plätze in der allgemeinen Reihe des sinnlich Angenehmen einnähmen, dieses selbst aber nur die niedrigste Stufe des ästhetisch Wirksamen sei. Wenn Guyau dem Sprachgebrauch der Dichter so grossen Wert einräumt, so ist dagegen einzuwenden, dass damit über den ästhetischen Wert dieser Sinnesempfindungen an sich noch nichts bewiesen wird. In dieser Hinsicht scheint Guyau auch den Ideenassociationen zu grosse Bedeutung beizulegen, durch die für die Empfindungen an sich als ein ästhetisch Wertvolles noch kein Beweis erbracht wird. Völlig irrig aber ist es, wenn Guyau meint, in den Schallwellen sei an und für sich schon etwas Ästhetisches enthalten, während diese doch, wie jeder sinnliche Eindruck, um zu gefallen oder zu missfallen, ein empfindendes Subjekt voraussetzen, in Bezug auf welches die Gefühle von Lust und Unlust sich geltend machen können.

## VI.
## Schein und Wirklichkeit.

*Die ästhetische Erregung ist um so grösser, je unmittelbarer sie sich in Handlungen umsetzt. Wirkliches Leben und wirkliche Handlungen zu geben, ist Aufgabe des Künstlers. Infolge seines Unvermögens jedoch begnügt er sich mit dem Schein, der keine Bedingung, sondern eine Beschränkung der Kunst ist. Ihr*

*Zweck ist das Leben und die Wirklichkeit. Im Schein der Wirklichkeit sucht der Künstler der Erfüllung dieser Aufgabe näher zu kommen. Ein Mittel dazu ist für ihn die Nachahmung des Hässlichen, das seiner Schöpfung grössere Wahrscheinlichkeit verleiht. Nur das ist schön, was wert ist, geschaffen zu sein. Das Hässliche ist aber nicht für das Leben bestimmt, und seine Nachahmung im letzten Grunde nur eine Nachahmung des Schönen. Wäre der Künstler im stande, das Leben selbst zu geben, so müsste er darauf ausgehen, die Typen, die er in der Aussenwelt vorfindet, zu verschönern und so ein wirklicher Schöpfer und Erzieher der Natur zu werden.*

Da die ästhetische Erregung in einer Menge von Begierden besteht, so geht von der Kunst und der Betrachtung des Schönen die Thätigkeit aus. Die Kunst sucht Handlungen hervorzurufen von der Art wie die, die sie ausdrückt. Die Erregung, die von der Kunst ausgeht, ist aber zu allgemein, als dass die Handlung genau bestimmt wäre. Der lebhafte Ausdruck eines Gefühls ruft in uns nicht nur den Ton dieses einen Gefühls, sondern auch den Ton aller übrigen hervor, sodass wir nach allen Richtungen hin zum Handeln gereizt werden. Die Handlung oder die Thätigkeit wird nun dasjenige Gefühl zum Ausdruck bringen, das mit unseren augenblicklichen Beschäftigungen die meisten Beziehungen aufzuweisen hat. Wird nun diese allgemeine Erregung durch ein ästheti-

sches Gefühl weniger geläuterter Art hervorgerufen, so
sind wir gerade infolge der Allgemeinheit der Erregung
im stande, an die Stelle einer Leidenschaft eine andere
zu setzen, die dann in einem Akt zum Ausdruck kommt,
der sittlich hochstehen kann. In diesem Vorgang liegt
eine neue Bedeutung der aristotelischen Katharsis, der
Reinigung der Leidenschaften durch die Kunst. [1] Am
lebhaftesten ist die ästhetische Erregung, wenn sie sich
unmittelbar in Handlungen umsetzt und sich dadurch selbst
befriedigt. [2]

Aus der Bedeutung der Thätigkeit ergibt sich eine
wichtige Folgerung: Wenn der Künstler sich damit begnügt, uns statt des wirklichen Lebens und statt wirklicher
Handlungen nur den Schein derselben zu geben, so ist
hierin nicht eine wesentliche Eigenschaft, sondern eine
Schwäche der menschlichen Kunst zu erkennen. Scenen
aus Corneille und Euripides würden, wenn sie sich vor
unseren Augen wirklich abspielten, nichts von ihrer Schönheit verlieren, oder glaubt man, dass Kunstwerke, wie die
Venus von Milo, wenn sie plötzlich zum Leben erwachte,

---

[1] „H. Beyle, dieser tiefe Beobachter, erzählt, dass eines Tages
(ich weiss nicht, wen er damals liebte) die Musik ihn viel verliebter
machte als sonst; er glaubte anfangs, dass diese Kunst auf die Liebe
einen besonderen Einfluss ausübe. Allein er erinnerte sich, dass ein
Jahr vorher, als er auf ein Mittel sann, die Griechen zu bewaffnen,
dieselbe Musik sein Feuer mit derselben Heftigkeit erweckt hatte,
aber mit der Richtung auf seine damaligen Bemühungen." p. 30.

[2] „Die Spartaner fühlten die Schönheiten der Verse des Tyr-
taeus, die Deutschen die von Koerner oder Uhland besser, wenn
diese Verse sie in den Kampf fortrissen; die Freiwilligen der Revo-
lution waren sicherlich niemals mehr von der Marseillaise erregt, als
an dem Tage, wo sie sie in einem Atem auf den Hügeln von Je-
mappes in Empörung versetzte. Ebenso werden zwei Verliebte,
über ein Liebesgedicht geneigt wie die Helden Dantes, in dem sie
das, was sie lesen, leben, mehr Genuss haben, gerade in ästhetischer
Hinsicht." p. 31.

dadurch unsere Bewunderung einbüssen könnten? Das
nicht zu verwirklichende Ideal des Künstlers bleibt immer
das Streben, seinem Werk Leben einzuhauchen, zu
schaffen, anstatt nur zu formen. Er bleibt hinter
dem wahren Zweck der Kunst, dem Leben, der Wirklichkeit, zurück und gibt uns deswegen nur den Schein
der Wirklichkeit.

Auch die Nachahmung des Hässlichen ist ein
Zeichen der Ohnmacht des Künstlers, der seinen Gedanken
die Wirklichkeit selbst nicht zu geben vermag, ihnen dafür
aber eine grössere Wahrscheinlichkeit zu verleihen
sucht. Daher bewundern wir in der Nachahmung des
Hässlichen einesteils den Künstler, andrenteils ein wirkliches und lebendes Objekt, in Bezug auf das die Nachahmung des Hässlichen nur ein Mittel des Ausdrucks ist.
In der Kunst ist das Hässliche nicht zu entbehren, da es
dem Kunstwerk gerade den Schein der Wirklichkeit verleiht. Das Hässliche, d. h. die Fehlerhaftigkeit der Form,
kann für die Kunst ein Mittel werden, die innere Harmonie
des Lebens, den Zusammenhang (solidarité) aller Glieder,
in dem eine wahre und tiefe Schönheit liegt, zum Ausdruck
zu bringen, wenn der Künstler es versteht, dieser Fehlerhaftigkeit Ebenmass und methodisches Verhältnis zu verleihen, ohne welches das Leben unmöglich ist. Das Hässliche lässt uns dann in der Fehlerhaftigkeit der Formen
die Schönheit, in den Missklängen die Harmonie, in dem
Schein die Wirklichkeit, in der Nachahmung die Natur
finden. Die Nachahmung des Hässlichen ist aber nicht
der letzte Zweck der Kunst; vor allem bedarf es eines
wissenschaftlichen Interesses, um an ihm Gefallen zu finden[1].

---

[1] „Der moderne Geist mit seinem Kultus der Wissenschaft
findet noch Gefallen an der Zergliederuug entwürdigter Wesen, wie
der Leichname; derjenige aber, der keine vorbereitenden Studien
gemacht hat, ist ebenso unzuständig und ebenso erstaunt vor gewissen

Von zwei Kunstwerken, die in gleicher Weise beseelt und
lebend sind, wird uns dasjenige am schönsten erscheinen,
welches am meisten wert ist, geschaffen zu sein. Das
Hässliche ist aber nicht für das Leben geschaffen; in der
Natur verschwinden die Ungeheuer allmählich ganz und
erscheinen so nur als vorübergehende Irrtümer. In den
Kunstwerken ertragen wir sie nur deshalb, weil sie auf
dem Schein ohne Wirklichkeit beruhen und wir in ihnen
immer unter der Ausnahme die Regel, die Gesetzmässig-
keit unter der Missgestalt finden. So wird die Nachahmung
des Hässlichen im Grunde nur eine Nachahmung des
Schönen und der allgemeinen Ordnung; die Nachahmung
strebt eine Schöpfung zu werden und der Schein sich in
das Leben aufzulösen. Demnach ist das L e b e n der wahre
Zweck der Kunst, und der Künstler dichtet nur, um uns
glauben zu machen, er dichte nicht.

Wenn nun die Kunst im stande wäre, lebende Wesen
hervorzubringen, so könnte ihr Streben nur darauf gerichtet sein, die Typen, welche sich in der Natur vorfinden,
zu verschönern. Sie würde eine Erzieherin der Natur,
insofern die Erziehung die Erzeugung der vollendetsten
Typen zum Zweck hat. Schöner und glücklicher machen
— das wäre dann die Aufgabe der Kunst; der Künstler
würde ein wirklicher Schöpfer sein und überall das Glück
und die Schönheit zu verwirklichen suchen.

----

Ohne weiter einzugehen auf die von Guyau vorge-
brachte Deutung der aristotelischen Katharsis sehen wir

----

Kunstwerken, wie ein Laie, der plötzlich in einen Sektionssaal ge-
führt würde und nicht ohne Schauder die vor seinen Augen ausge-
breiteten Dinge betrachtete, während ein Arzt, ganz damit beschäftigt,
dem Weg einer Ader in einem halb zerlegten Gewebe zu folgen,
freudeglänzenden Auges blickt". p. 36.

auch ab von der durch das Kunstwerk hervorgerufenen
Thätigkeit, da diese nur von einzelnen, nicht von allen
Künsten ausgehen kann, so dass die Theorie keine All-
gemeingültigkeit beanspruchen darf, und ausserdem zu sehr
auf der momentanen Disposition des empfindenden Subjekts
beruht, als dass durch sie etwas Objektives über die Kunst
und das Kunstwerk ausgesagt werden könnte.

Gegen den Grundgedanken, dem Guyau hier Geltung
zu verschaffen sucht, ist einzuwenden, dass die Wirklichkeit nicht Aufgabe der Kunst sein kann. Wäre dies der
Fall, so könnte der Künstler nur darauf abzielen, die Natur
nachzuahmen, da er das Vorbild zu dem Gegenstand, den
zu schaffen er sich bestrebt, immer nur aus der ihn um-
gebenden Aussenwelt nehmen könnte. Wenn der Künstler
sich nun nach Guyau bemühen müsste, die von der Natur
gebotenen Typen zu verschönern, so wäre ihm damit eine
Aufgabe gestellt, die er niemals zu leisten vermag, da es
einerseits eine Unmöglichkeit ist, die Natur getreu nachzuahmen, andrerseits der Künstler, als selbst an die Endlich-
keit gebunden, nicht im stande wäre, wahrhaft Vollkommenes
hervorzubringen. Eine Verschönerung der Natur, wie sie
von dem Künstler verlangt wird, ist eben nur möglich
vermittels der Phantasie im reinen Schein. In dieser
Hinsicht ist der Künstler ein Schöpfer; seine Schöpfung
ist die Objektivierung des Phantasiebildes. Was Guyau
eine Schwäche der Kunst nennt, ist vielmehr ihre Stärke
und ein Zeugnis für den Genius des Künstlers. Der Schein
ist nicht etwas Nichtiges und Totes, sondern er ist es, der
dem Kunstwerk seinen Lebensgehalt verleiht, insofern durch
ihn die Idee in der Form ihren Ausdruck erhält.

Ohne den Schein könnten wir auch das Hässliche als
ein ästhetisch Wirksames nicht begreifen, da es ein wesentlicher Unterschied ist, ob uns das Hässliche als wirklich
oder nur als Schein entgegentritt. Abgesehen davon, dass
Guyau den Begriff des Hässlichen zu eng fasst, sich nur

auf ein beschränktes Gebiet des Hässlichen bezieht und das Gefallen an ihm als mit einem besonderen Interesse behaftet erklärt, begeht er auch noch den Fehler, das Hässliche als ein für das Leben nicht Geschaffenes zu definieren. Der Umstand, dass die Ungeheuer aus der Natur allmählich verschwinden, ist kein Beweis für die Richtigkeit seiner Ansicht. Sie sterben nicht aus, weil sie hässlich sind, sondern weil sich die Existenzbedingungen, unter denen allein sie zu leben vermögen, in einer Art und Weise geändert haben und beständig ändern, die ihnen eine Fortdauer unmöglich macht. Ausserdem können Tiere konstitutiv hässlich sein, in ihrer Umgebung dagegen einen ganz anderen Eindruck machen. vgl. Rosenkranz, Ästh. des Hässlichen 21 f.

Die Entwicklung der Guyau'schen Theorie gewinnt gerade an diesem Punkt in der Lehre vom Schein besonderes Interesse, da man leicht erkennt, bis zu welchem Schwung der Phantasie sich der Philosoph auf Kosten der Schärfe des Denkens hinreissen lässt.

## VII.
## Die Bedeutung des Lebens für die Ästhetik.

*Das Schöne schliesst weder das Nützliche noch den Zweck als Bedingung der Schönheit aus und ist identisch mit dem Guten. Es ist nichts Oberflächliches, sondern muss vermittels der ästhetischen Erregung den weitgehendsten Einfluss auf die Entwicklung des Lebens in uns zu erreichen suchen. Der Kunst kommt eine zweifache Aufgabe zu, die Idee sinnlich wahr-*

*nehmbar zu machen und durch die Empfindung das Denken anzuregen.*

1. Das Schöne ist zurückzuführen auf das volle Bewusstsein des Lebens selbst und kann daher die Idee des für das Leben Nützlichen nicht ausschliessen. Die erste Offenbarung des ästhetischen Gefühls ist das befriedigte Bedürfnis, d. h. das Leben, das sein Gleichgewicht wieder erhält, die Wiedergeburt der inneren Harmonie. Hierin liegt der Grund der elementaren S c h ö n h e i t d e r E m p f i n d u n g e n.

2. Das Schöne schliesst so wenig das Nützliche aus, dass es vielmehr die Idee eines Willens voraussetzt, der selbstthätig die Mittel den Zwecken anpasst, einer Thätigkeit, die das Minimum der Kraft aufzuwenden sucht, um einen Zweck zu erreichen. Hieraus ergibt sich die S c h ö n h e i t d e r B e w e g u n g e n.

3. Dem Schönen ist auch die Idee des Begehrenswerten nicht fremd, sondern sie identifiziert sich mit ihm. G u t u n d s c h ö n s i n d e i n s; diese Identität zeigt sich in den Gefühlen und lässt sich in den Bewegungen und Empfindungen vorausahnen.

So erscheint das Schöne nicht als etwas Äusserliches, sondern als das Aufblühen des Seins und die Blüte des Lebens selbst.

Die grosse Bedeutung, die dem Leben hinsichtlich des Schönen zukommt, zeigt sich auch in Bezug auf das Wesen der ästhetischen Erregungen. Diese stehen im allgemeinen bald den stärksten und fundamentalsten Empfindungen des physischen Lebens, bald den erhabensten Gefühlen des moralischen Bewusstseins sehr nahe. D i e v o n d e m K ü n s t l e r h e r v o r g e r u f e n e E r r e g u n g w i r d u m s o l e b h a f t e r s e i n, a l s s i e, a n s t a t t e i n - f a c h a n g l e i c h g ü l t i g e G e s i c h t s - o d e r G e h ö r -

bilder zu appellieren, versucht, in uns einesteils
die tiefsten Empfindungen des Seins, andrenteils die tiefsten Gefühle und die erhabensten
Ideen des Geistes wachzurufen, mit anderen Worten:
Die Kunst muss zu der Erregung alle Teile von uns, die
niederen, wie die höheren, heranziehen. Sie wird also
sehr materiell und realistisch sein, zu gleicher Zeit aber
auch den Gefühlen und Ideen den grössten Anteil geben.
Verwerflich dagegen ist es, wenn nur gleichgültige Bilder
aufeinanderfolgen, die sich weder in schmerzhafte oder
angenehme Empfindungen, noch in Ideen und Gefühle
umsetzen können, wenn also nur das Spiel der Einbildung
um der Einbildung willen herrscht. Der reine Schein ist
in der Kunst nur zulässig als Träger eines geistigen
oder sittlichen Symbols, d. h. einer Idee, insofern er von
dieser Seite her Realität besitzt und zum Denken und
Empfinden anregt. Ein Kunstwerk hat um so mehr Anspruch auf Vollkommenheit, als es vermöge der Assoziation
die verschiedensten Fähigkeiten unseres Wesens erregt.
Der Kunst entsteht so eine zweifache Aufgabe, einmal
die Idee sinnlich wahrnehmbar und konkret zu machen und
von der Empfindung das Denken ausgehen zu lassen.

## VIII.
### Das Angenehme als Prinzip des Schönen.

*Der Grund des Schönen liegt in dem Ange-*
*nehmen, d. h. in dem Bewusstsein des nicht*
*gehemmten Lebens. So ist das Leben Prinzip*
*des Schönen. Jede angenehme Empfindung,*
*d. h. jedes Vergnügen sucht ästhetisch zu werden*
*und jenen Timbre zu erreichen, der den ästhe-*

*tischen Genuss bedingt. Das Angenehme und das Schöne sind nur verschieden hinsichtlich der Ausdehnung und der Abstufung. Das ideale Ziel der ästhetischen Entwicklung der Menschheit ist die Verwirklichung der Identität des Angenehmen und Schönen.*

Da das Angenehme auf dem Bewusstsein des nicht gehemmten, thätigen und starken Lebens beruht, das allein schon ästhetisch ist, so liegt das wahre Prinzip des Schönen im Leben selbst. Die zu ihrem Maximum gesteigerte Schönheit, zugleich der höchste Genuss, besteht in einem geistigen und sittlichen Leben.

Jedes Vergnügen strebt ästhetisch zu werden; bleibt es dagegen nur angenehm, so ist ihm der Charakter der Schönheit versagt, die eine Art innerer Fruchtbarkeit ist. Hieraus ergeben sich folgende Gesetze:

1. Wenn eine angenehme Empfindung von grosser Lebhaftigkeit n i c h t ästhetisch ist, so liegt der Grund darin, dass die örtliche Stärke der Empfindung der Natur ist, dass sie die A u s d e h u n g, d. h. die Zerstreuung in das Cerebralsystem hindert, weshalb das Bewusstsein, auf einen einzigen Punkt absorbiert, über die anderen aufgehoben zu sein scheint. Das Vergnügen bleibt rein s i n n l i c h, ohne gleichzeitig g e i s t i g zu werden; es fehlt ihm jener T i m b r e, der den ästhetischen Genuss charakterisiert.

2. Die ä s t h e t i s c h e B e f r i e d i g u n g, d. h. die Stufe, wo ein Vergnügen sinnlich und geistig zu gleicher Zeit ist, hat statt, wenn es in dem Bewusstsein das mit dem Maximum der Stärke vereinbarliche Maximum der Ausdehnung erreicht.

3. Die Wahrnehmung des ästhetischen Charakters ist nicht immer unmittelbar, da zur Nervenzerstreuung

und zum Widerhall in dem Bewusstsein Zeit notwendig ist, weshalb das Urteil dass etwas s c h ö n sei, durchschnittlich mehr Zeit erfordert als das Urteil, welches etwas als a n g e n e h m anerkannt. Erst durch häufige Versuche bei dem Individuum und der Rasse — abgesehen davon, dass die Schnelligkeit, mit der das Urteil zustande kommt, bei verschiedenen Völkern verschieden ist — kann das ästhetische Urteil fast unmittelbar werden.

Wenn nun das Angenehme der Grund des Schönen ist, so kann dieses definiert werden als eine Wahrnehmung oder eine Handlung, die in uns auf das Leben unter seinen drei Formen: Empfindungsvermögen, Verstand, Wille, z u g l e i c h e r Z e i t einen Reiz ausübt und vermittels des schnellen Bewusstseins dieser allgemeinen Anreizung das Vergnügen hervorruft. „Nichts in uns ist isoliert, und jedes wirklich tiefe Vergnügen ist das dumpfe Bewusstsein dieser allgemeinen Harmonie, dieser vollständigen Solidarität, die das Leben ausmacht: das Angenehme ist der Grund des Schönen".

Während die Kunst so darnach strebt, jeder Empfindung und jedem Gefühl die grösste Ausdehnung zu geben, scheint das Leben in demselben Sinne zu arbeiten und sich ein gleiches Ziel zu setzen. Das Schöne und das Angenehme unterscheiden sich nur durch einen einfachen Unterschied der Abstufung und der Ausdehnung. In der menschlichen Entwicklung wird daher selbst der physische Genuss, wenn er sich immer mehr verfeinert und mit geistigen Ideen verschmilzt, mehr und mehr ästhetisch werden. Das ideale Ziel der Entwicklung wäre demnach der Punkt, wo jedes Vergnügen s c h ö n und jede angenehme Handlung k ü n s t l e r i s c h wäre.

Die unterste Stufe der Entwicklung, wie sie sich bei den niederen Wesen findet, weist noch keinen Unterschied zwischen dem Angenehmen und dem Schönen auf. Die angenehme Empfindung bleibt sinnlich, da sie weder geistig noch moralisch werden kann.

Auf der zweiten Stufe lässt der Mensch eine mehr
oder weniger künstliche Trennung zwischen dem Angenehmen und dem Schönen eintreten, weil in ihm noch
mehr Erregungen vorhanden sind, die mehr tierisch als
menschlich und zu einfach sind, als dass sie fähig wären,
sich die unbegrenzte Mannigfaltigkeit anzueignen, die wir
dem Schönen zuerkennen. Andrerseits scheinen die
geistigen Vergnügen selbst nicht immer wirklich ästhetisch
zu sein, da sie nicht immer bis auf den Grund unserer
Seele reichen und im Bereich der sympathischen und soci-
alen Triebe einen zu beschränkten Genuss gewähren.

Auf einer dritten Stufe der fortschreitenden Entwicklung, die man vorausahnen kann, wird jedes Vergnügen
ausser den sinnlichen auch geistige und moralische Elemente enthalten. Es fände nicht nur eine Befriedigung
eines ganz bestimmten Organs, sondern des ganzen sittlichen Individuums statt, ja noch mehr: es wäre das Vergnügen selbst der in diesem Individuum repräsentierten
Gattung. Dann wird sich die Identität des Angenehmen
und des Schönen, wie sie sich auf jener untersten Stufe
findet, wieder verwirklichen, das Angenehme wird in dem
Schönen aufgehen: Kunst und Sein werden eins. Infolge
der Vergrösserung des Bewusstseins werden wir die
Harmonie des Lebens beständig begreifen, und jede unserer Freuden wird den geheiligten Charakter der Schönheit haben.

# Lebenslauf.

Geboren wurde ich, Heinrich Willenbücher, evangelischer Konfession, zu Worms am 2. Dezember 1868 als Sohn des Grossh. Hess. Gymnasiallehrers Emil Willenbücher und seiner Ehefrau Elisabeth geb. Gries. Nachdem ich von Ostern 1879 bis Ostern 1888 das Gymnasium meiner Vaterstadt besucht und an Ostern 1888 mit dem Zeugnis der Reife verlassen hatte, bezog ich die Universität Giessen, um mich dem Studium der klassischen Philologie zu widmen. Ich hörte Vorlesungen bei den Herren Professoren Dr. Behaghel, Dr. Dümmler, Dr. Groos, Dr. Höhlbaum, Dr. Oncken, Dr. Philippi, Dr. Schiller, Dr. Schmidt, Dr. Siebeck und bestand im August 1892 das Fakultätsexamen für das höhere Lehramt. Vom 1. October 1892 bis 1. October 1893 diente ich als Einjährig-Freiwilliger im Infanterie Regiment Kaiser Wilhelm (2. Grossh. Hess.) No. 116 und trat am 6. October 1893 als Mitglied in das pädagogische Seminar am Grossherzoglichen Neuen Gymnasium zu Darmstadt ein. Von Herbst 1894 bis Ostern 1896 war ich als Volontär am Grossh. Ludwig-Georgs-Gymnasium zu Darmstadt thätig und wurde an Ostern desselben Jahres mit der provisorischen Verwaltung einer Lehrerstelle am dortigen Grossh. Realgymnasium beauftragt. Von hier wurde ich an Herbst 1896 in gleicher Eigenschaft an das Grossh. Realgymnasium zu Mainz versetzt, in welcher Stellung ich mich gegenwärtig noch befinde.